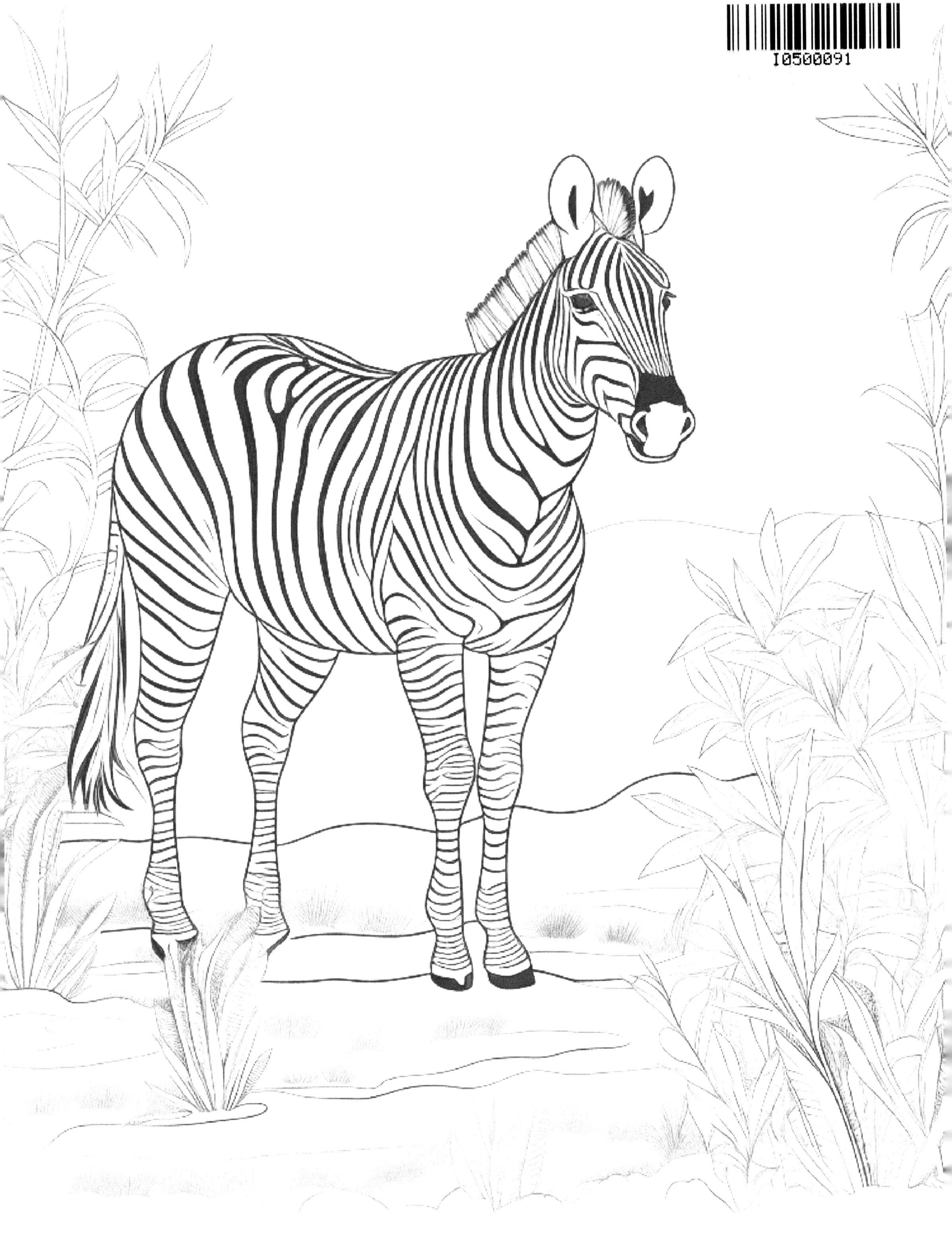

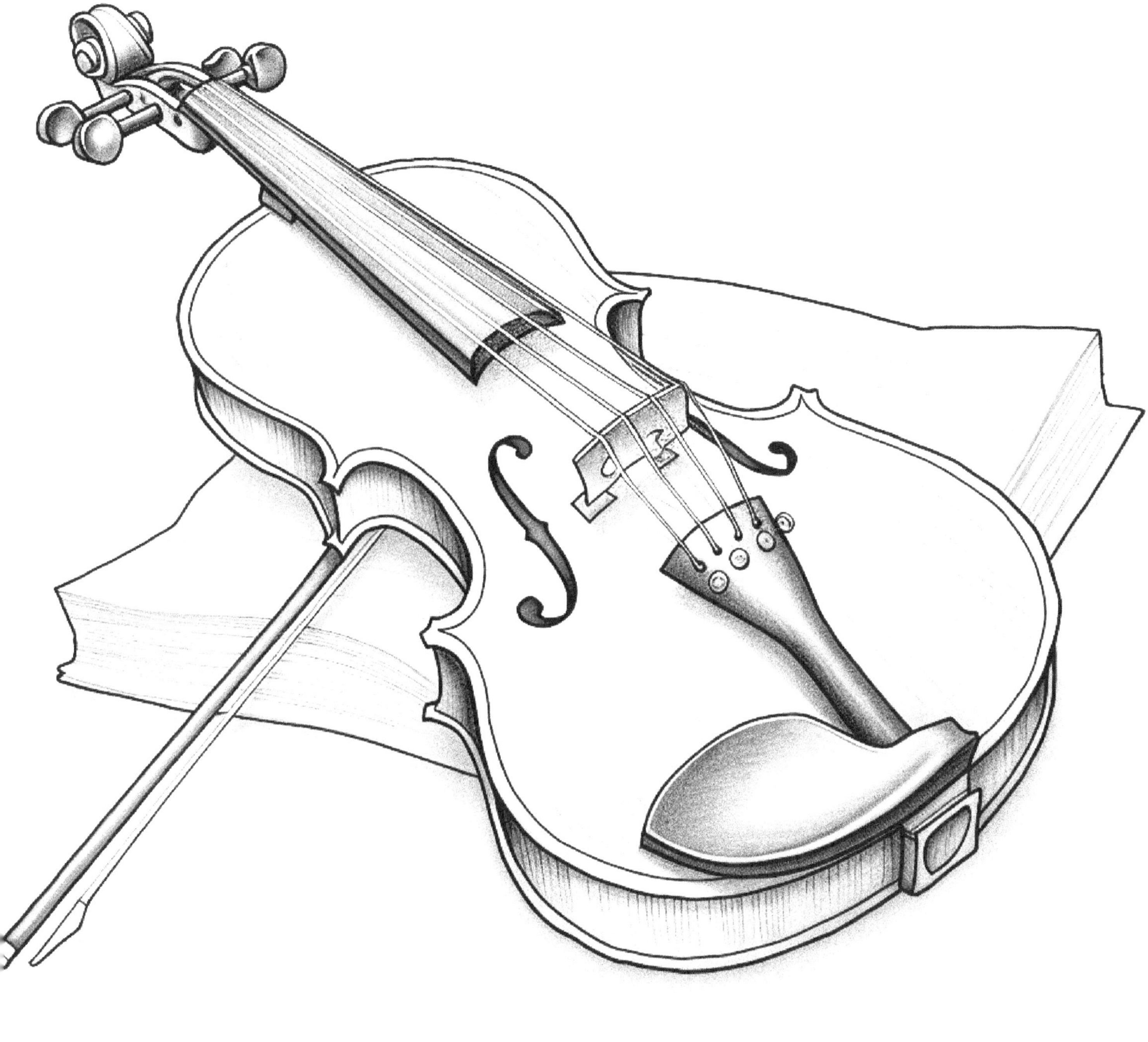

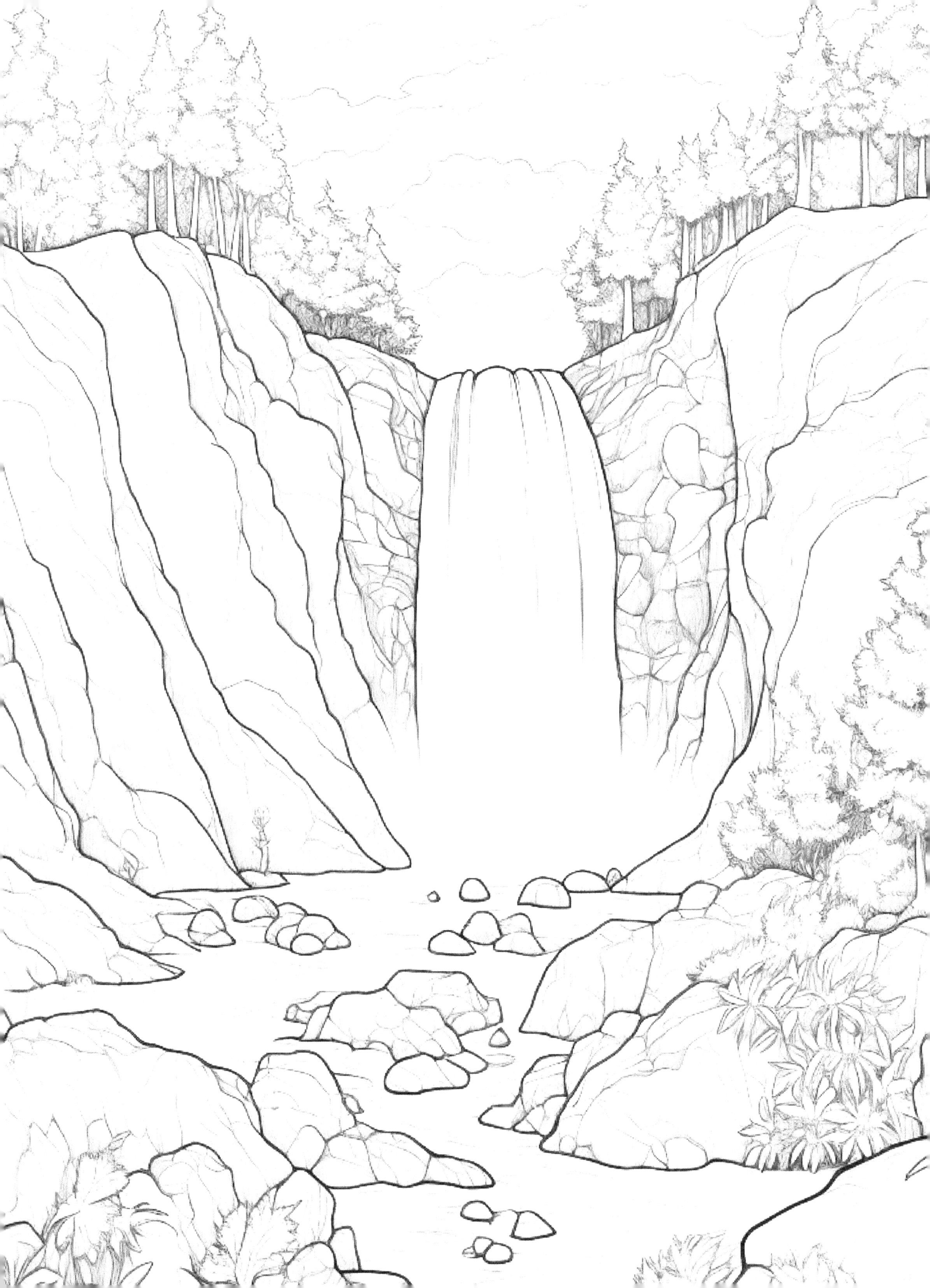

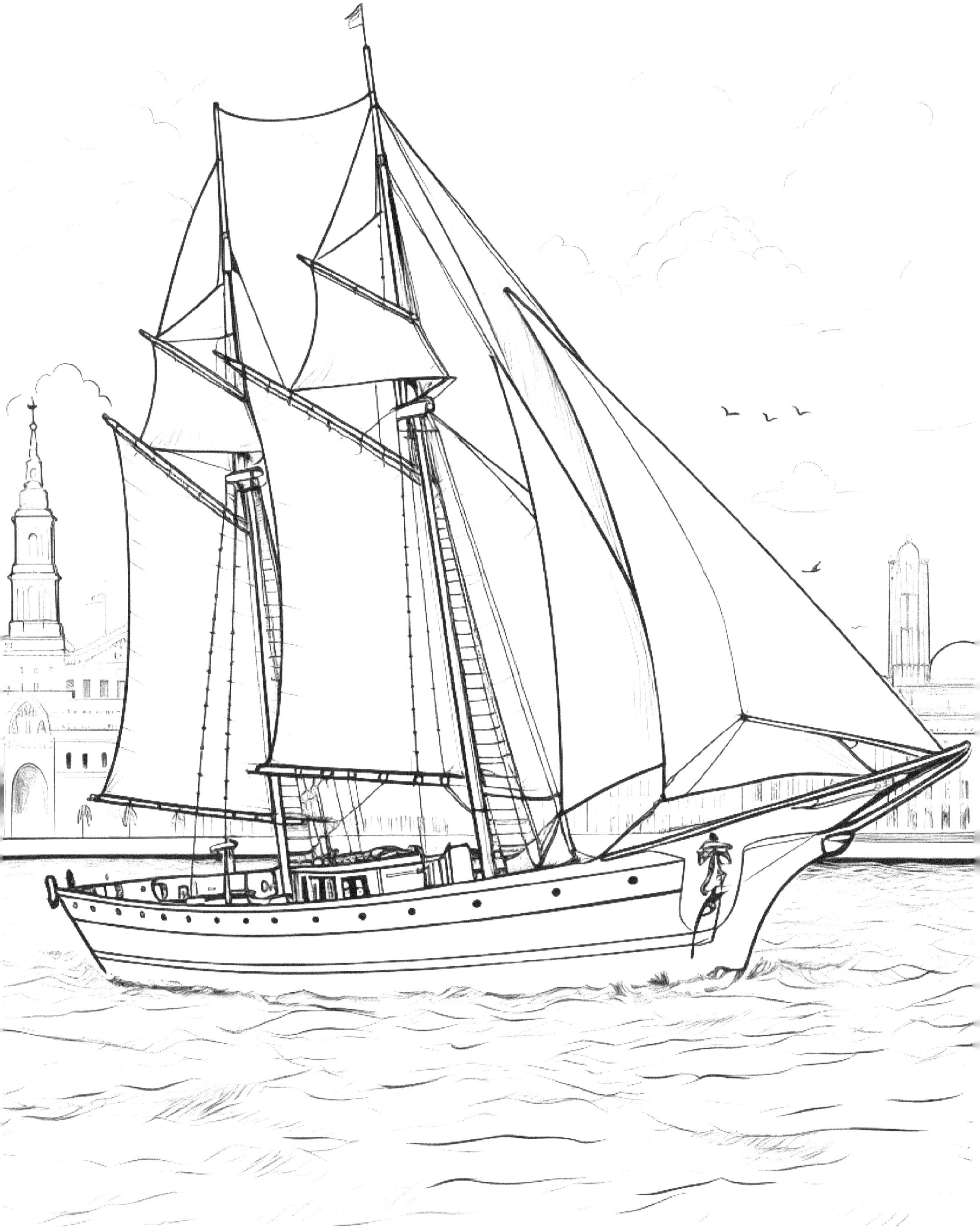

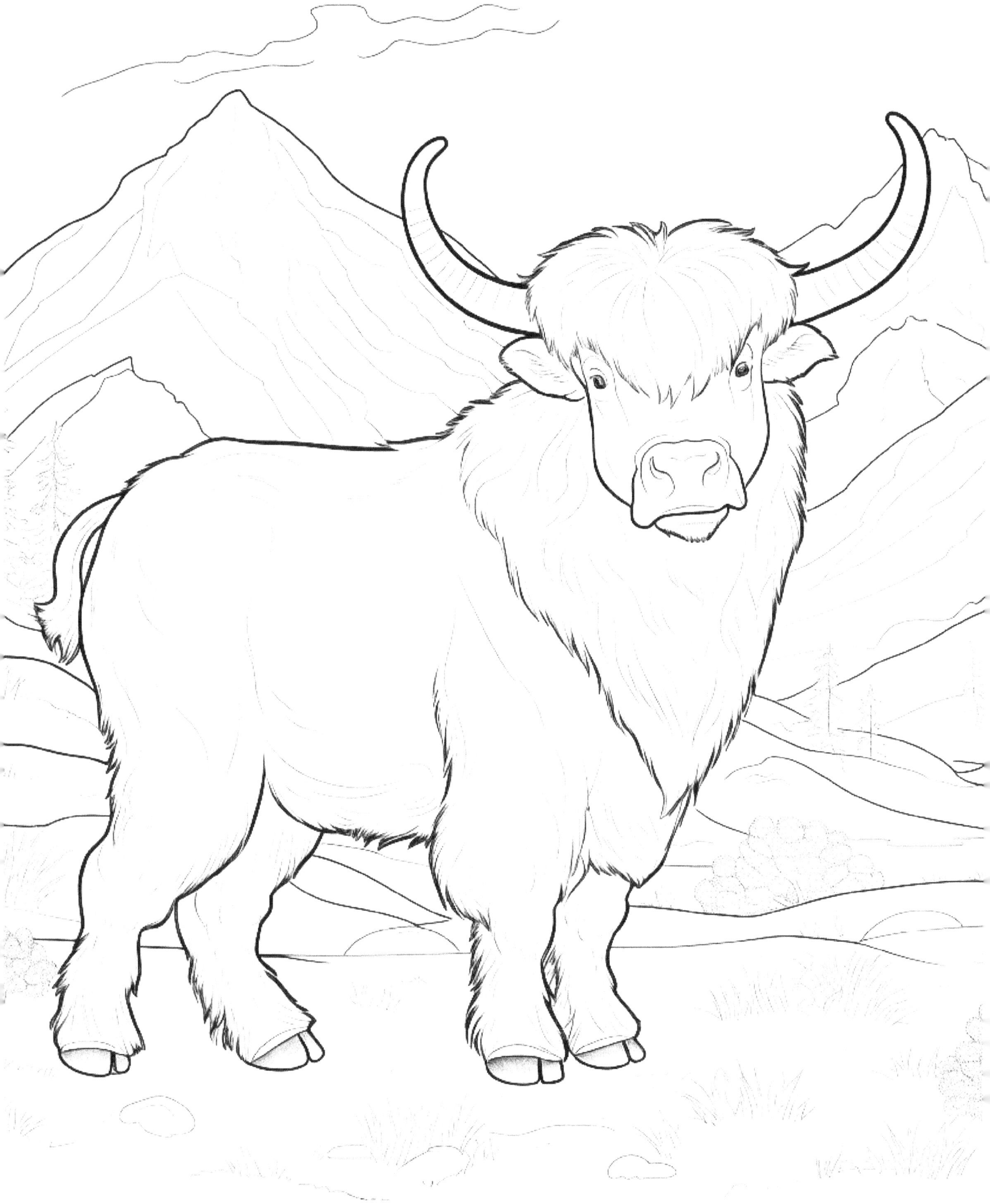

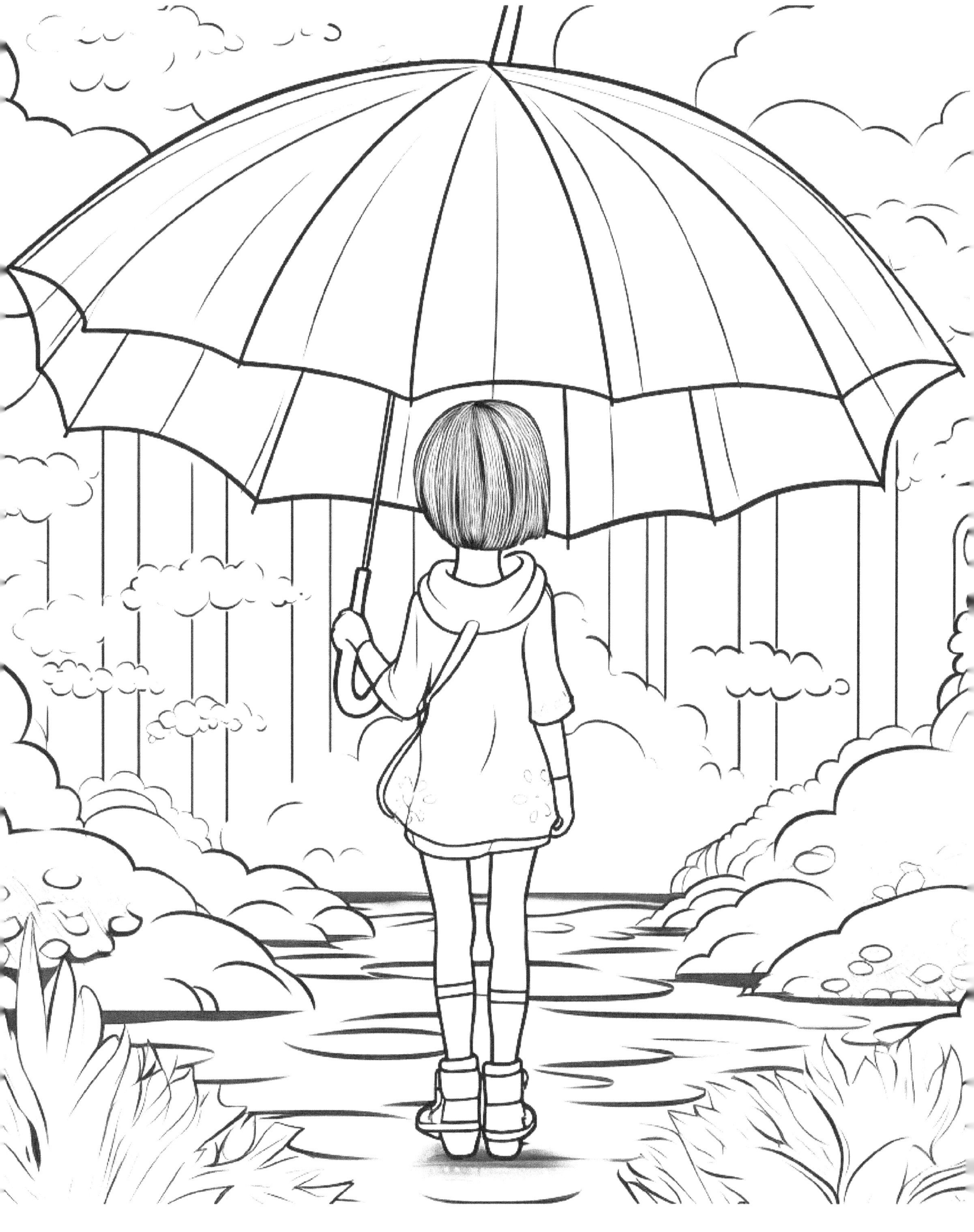

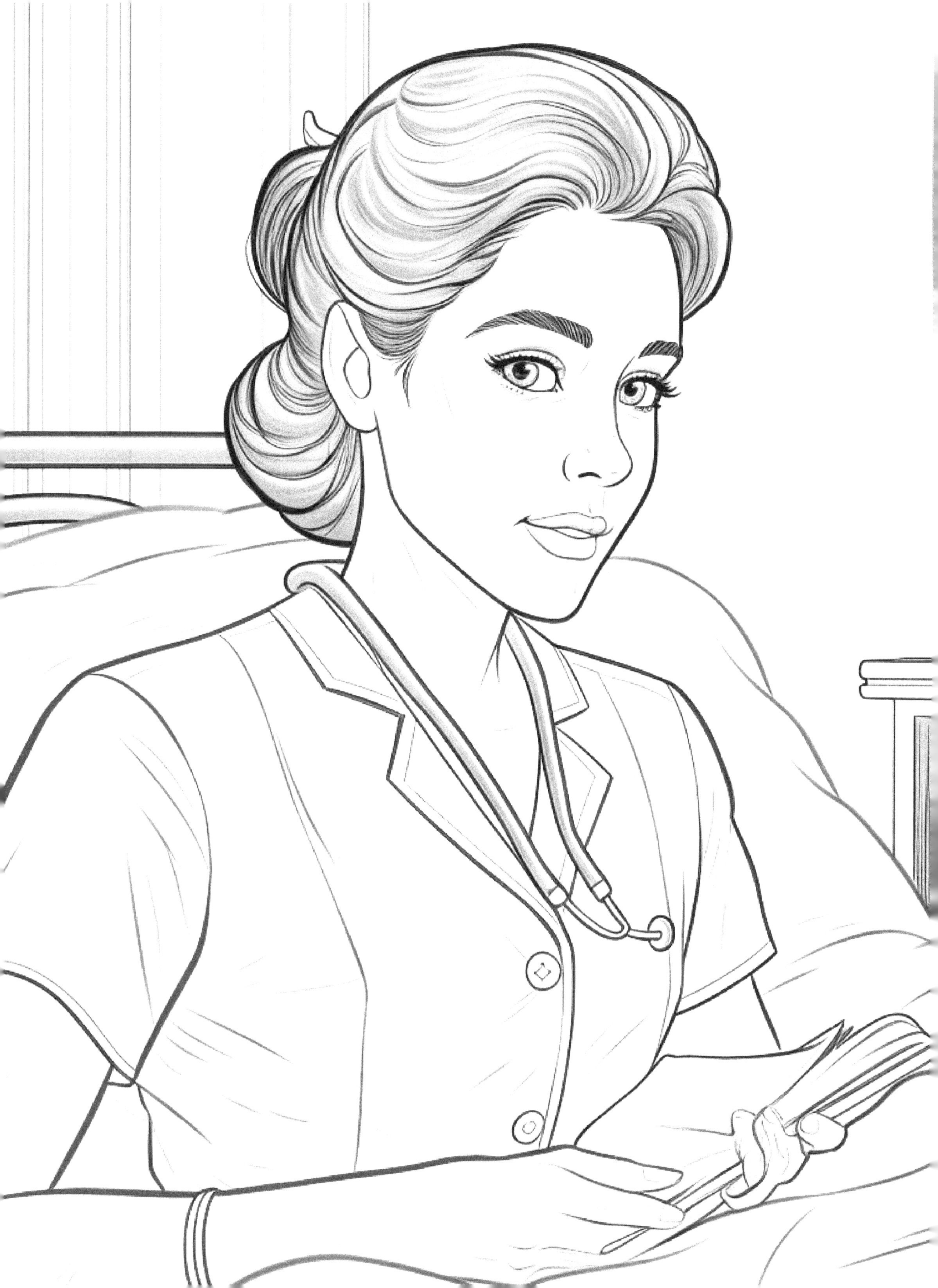

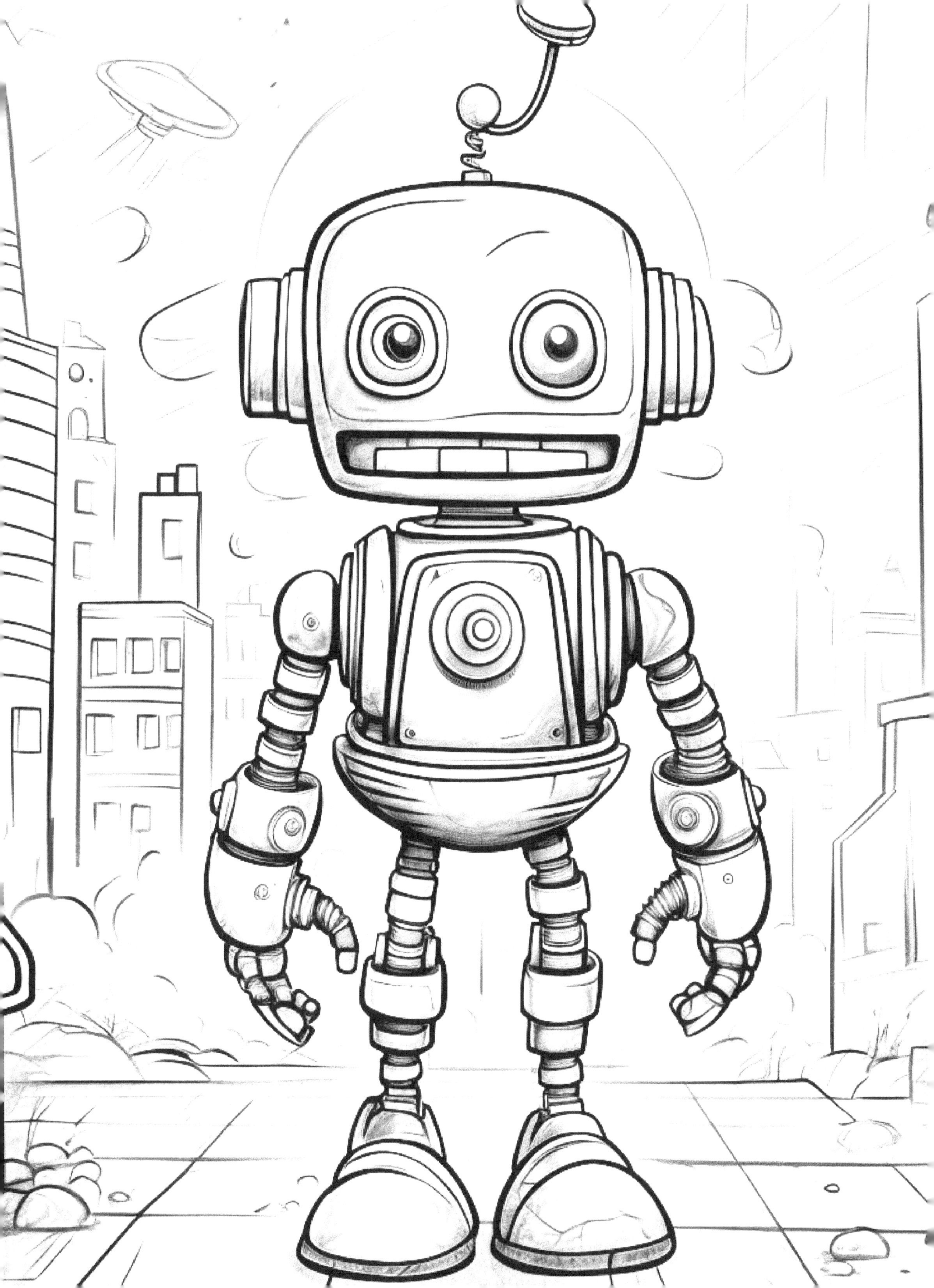

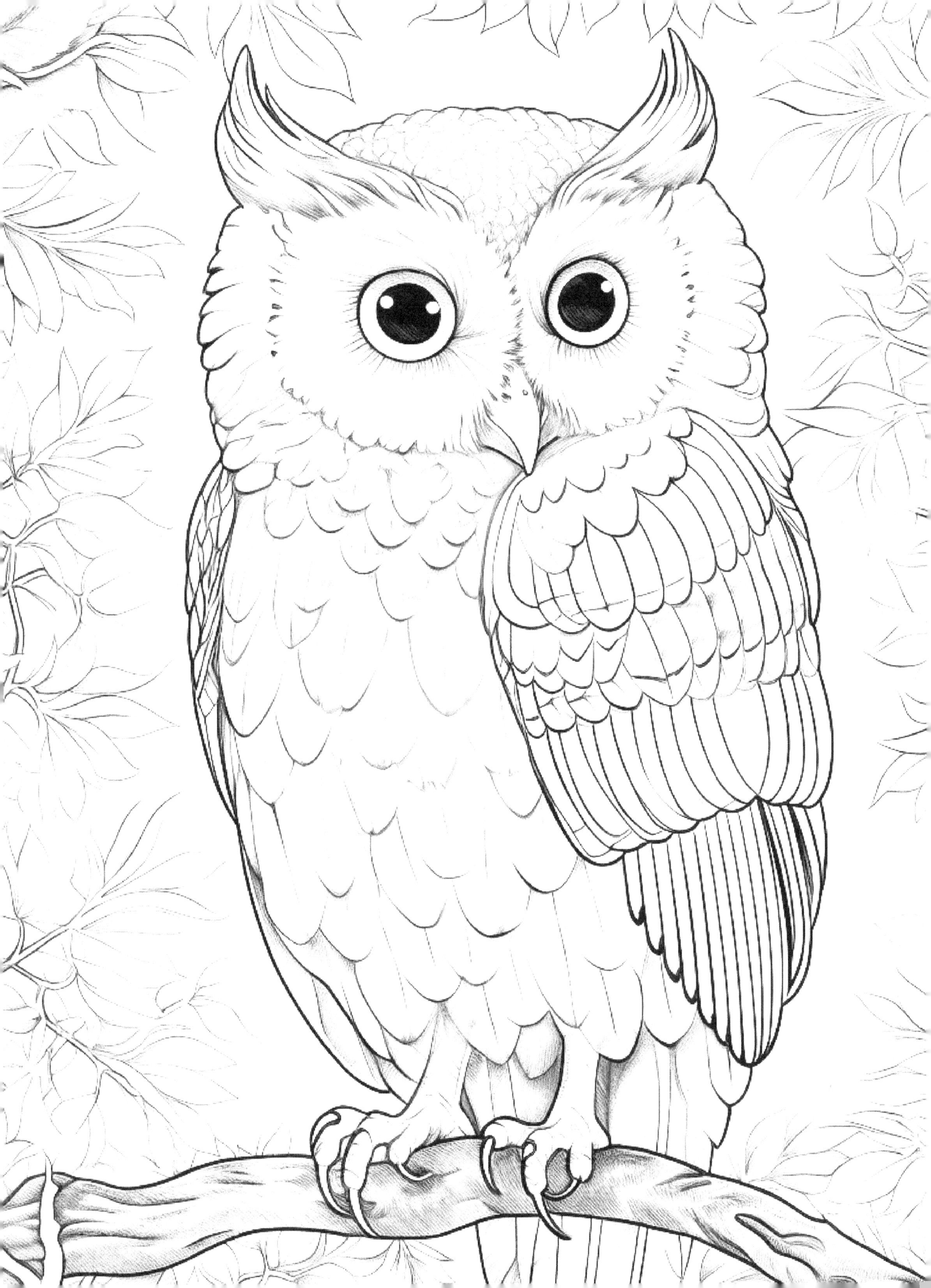

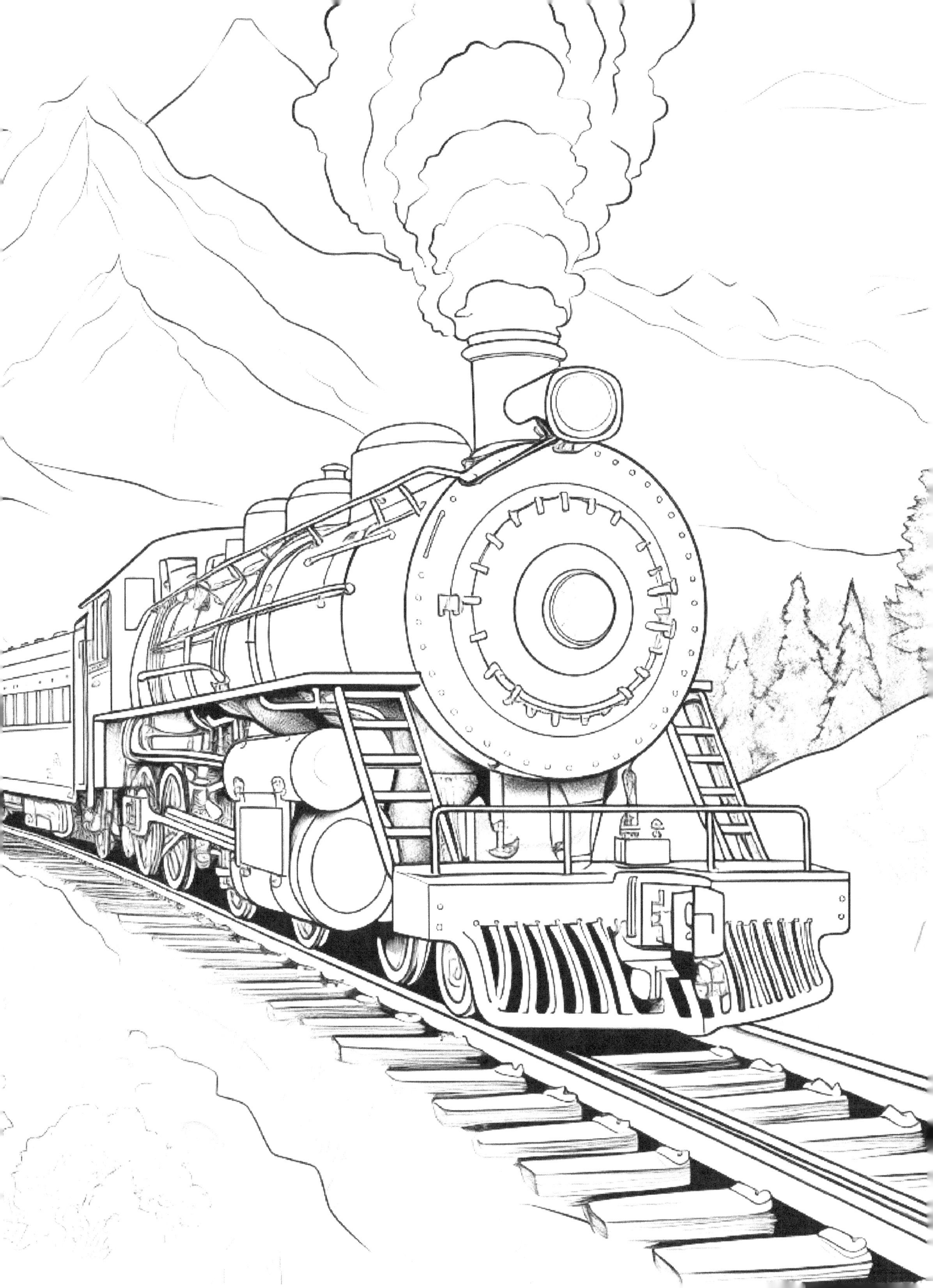

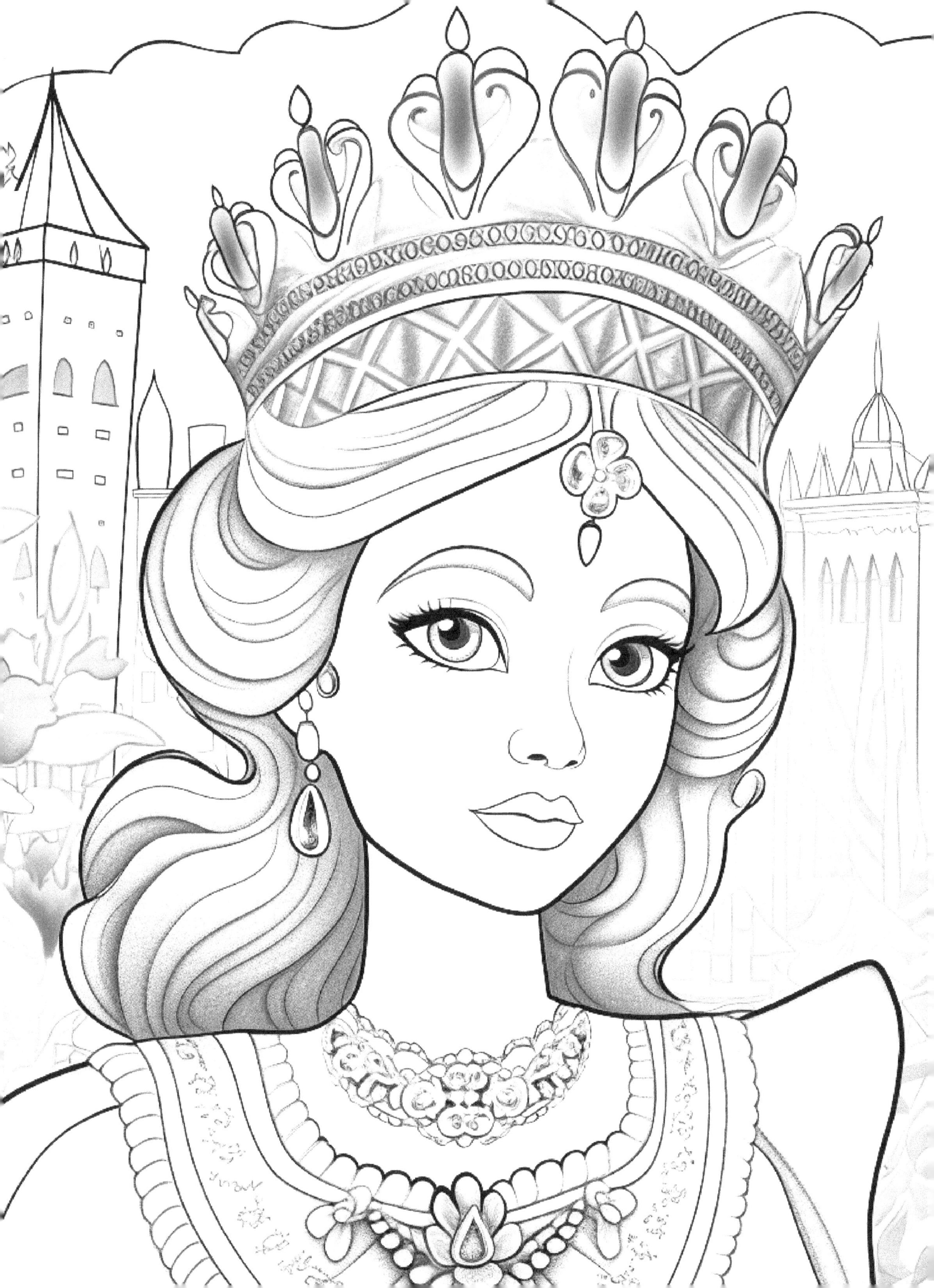

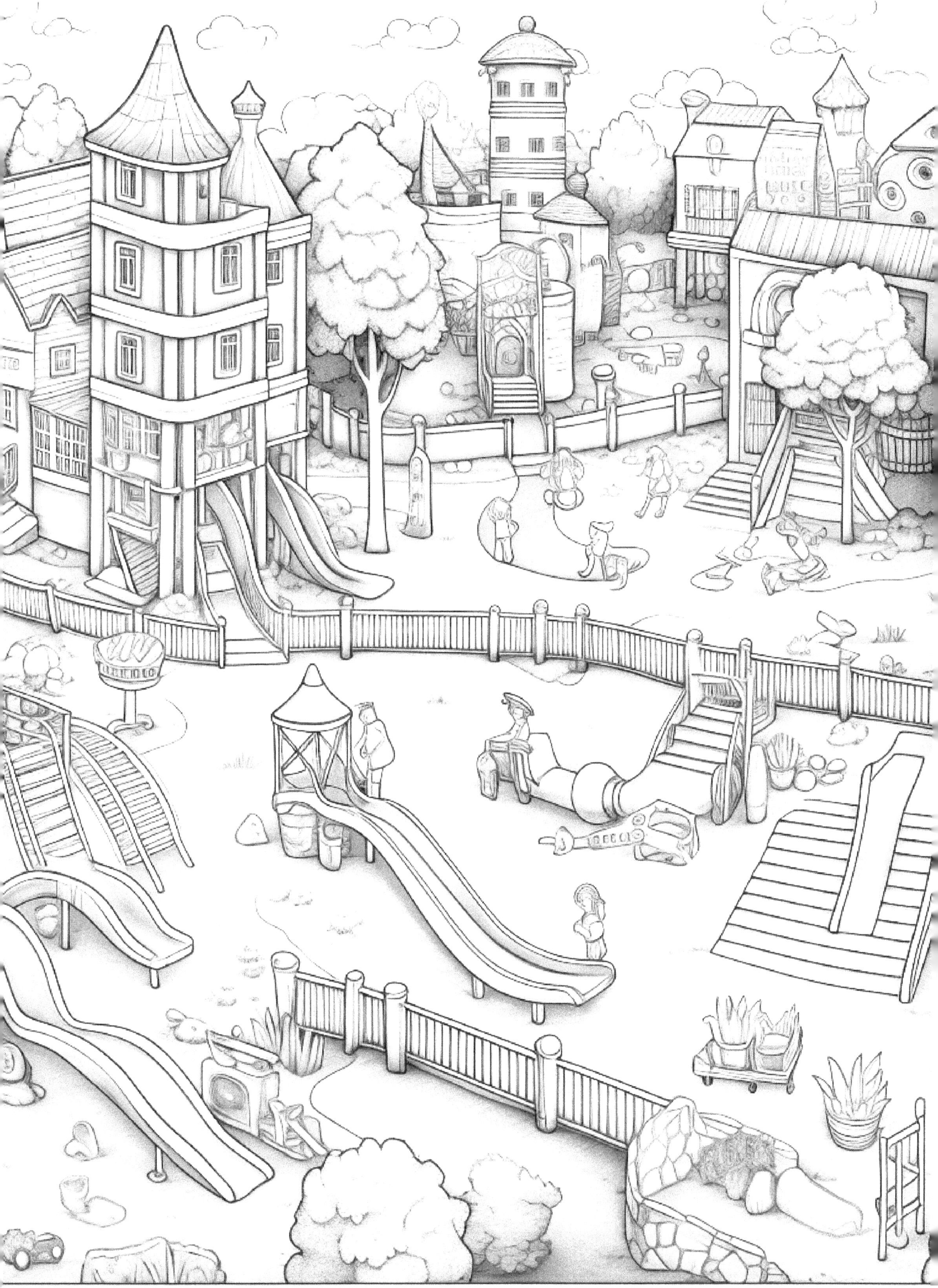

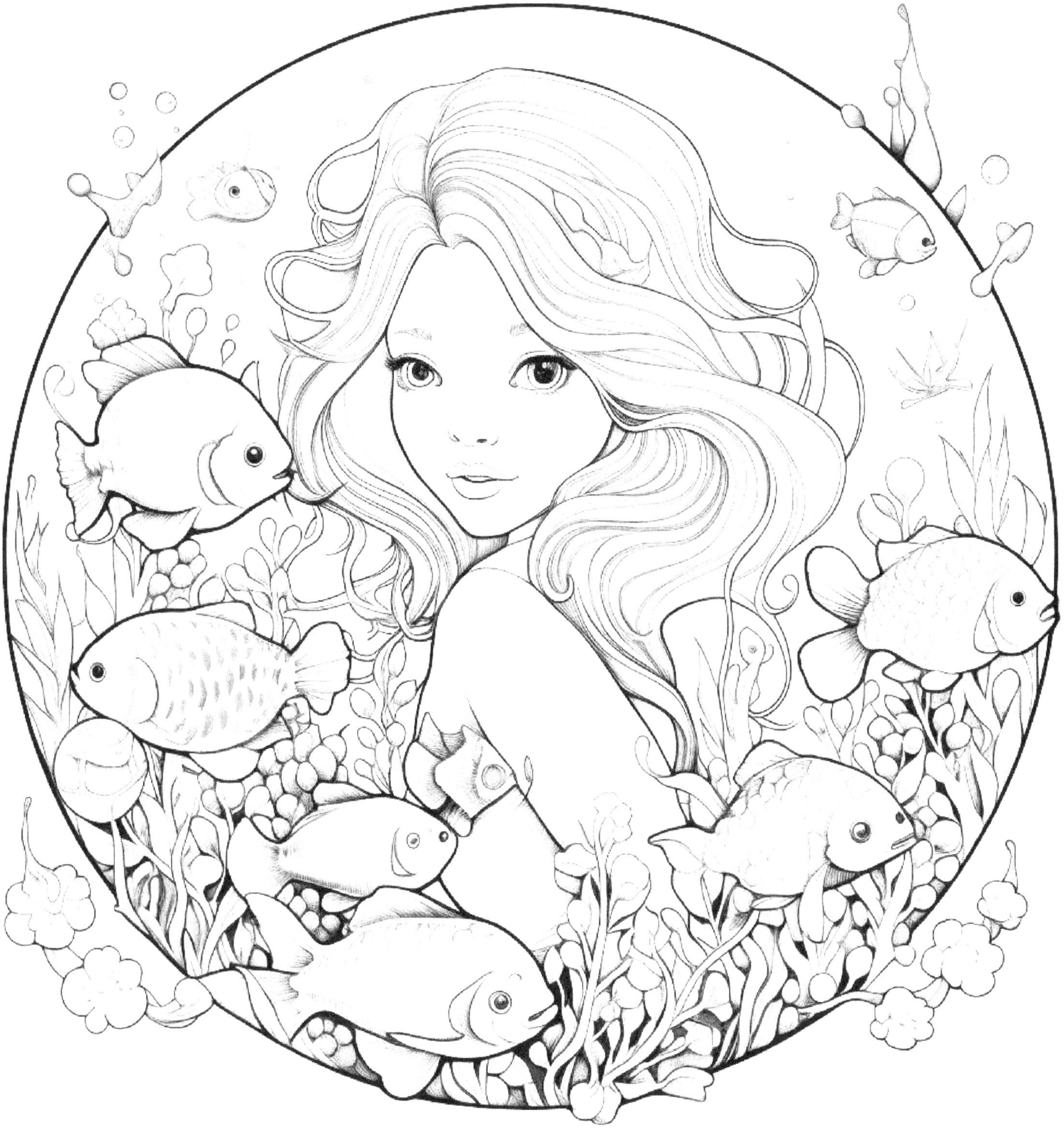

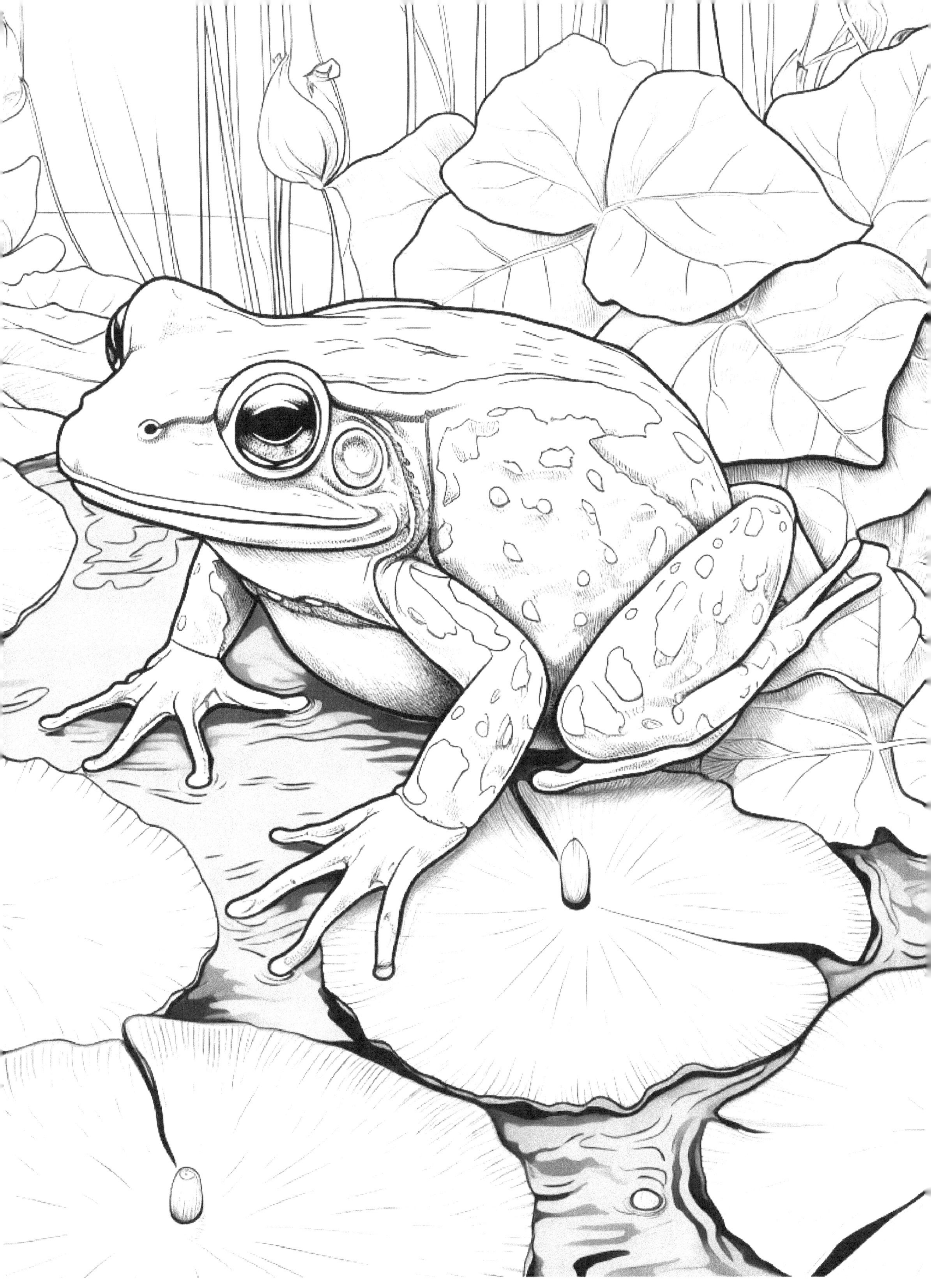

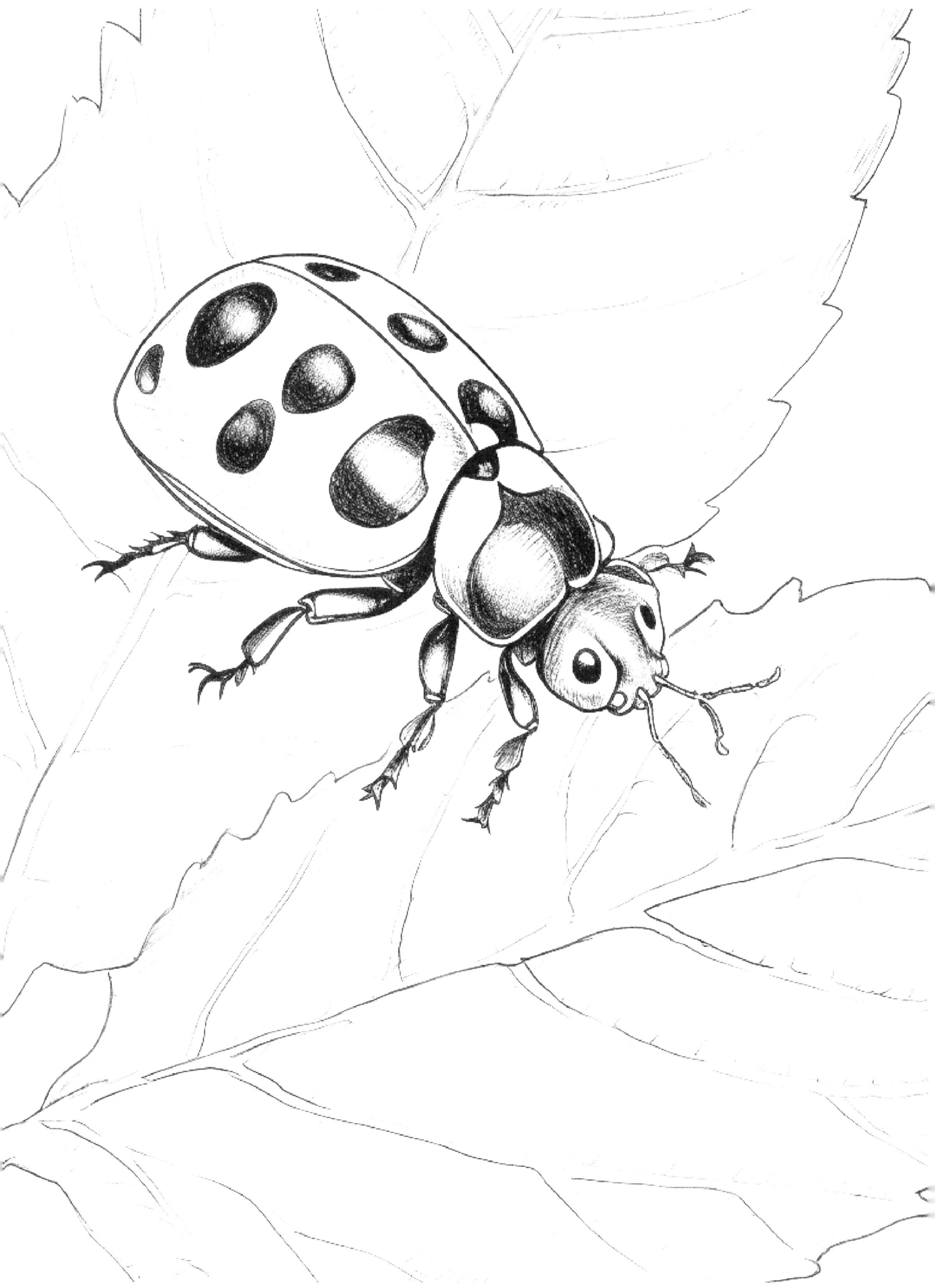

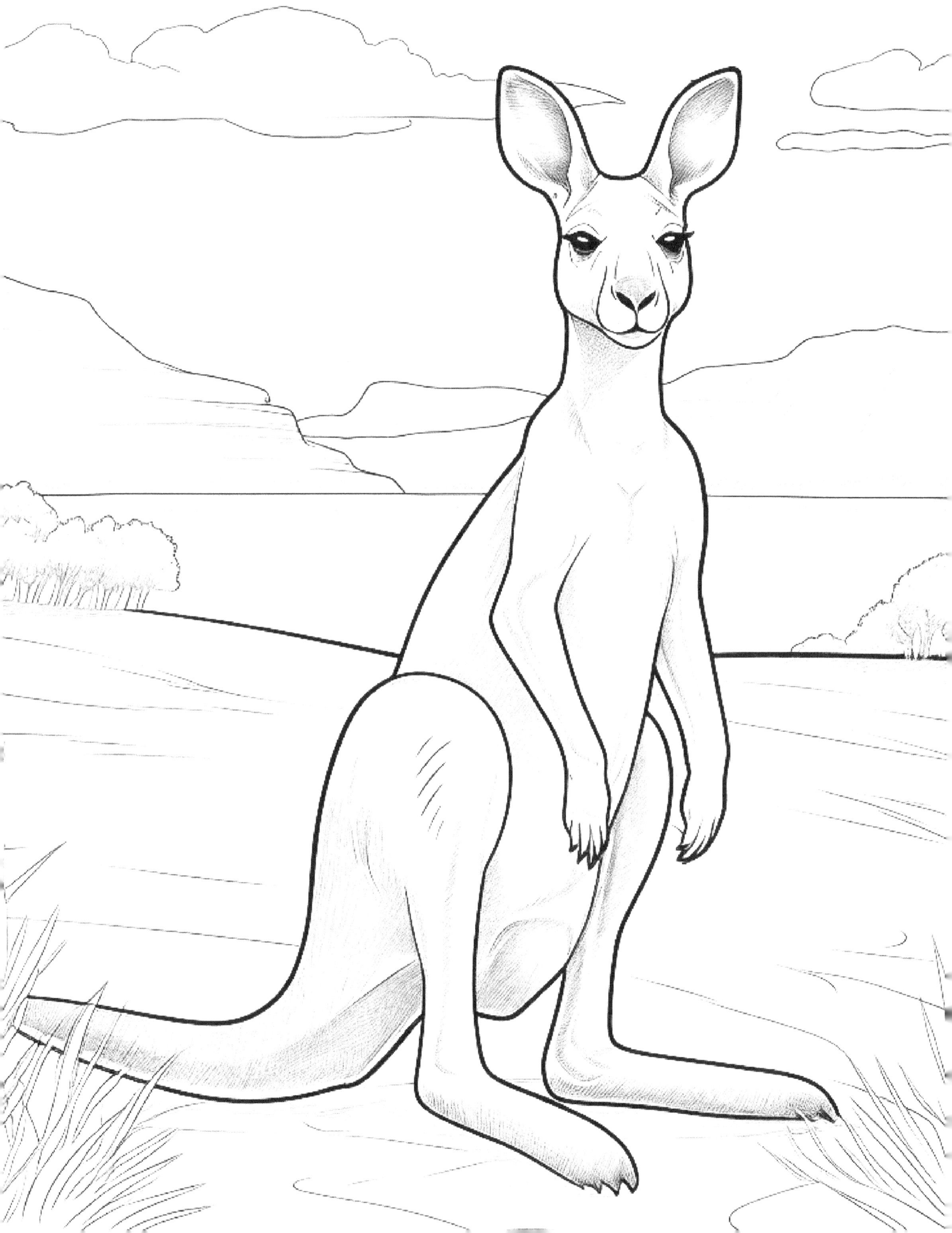

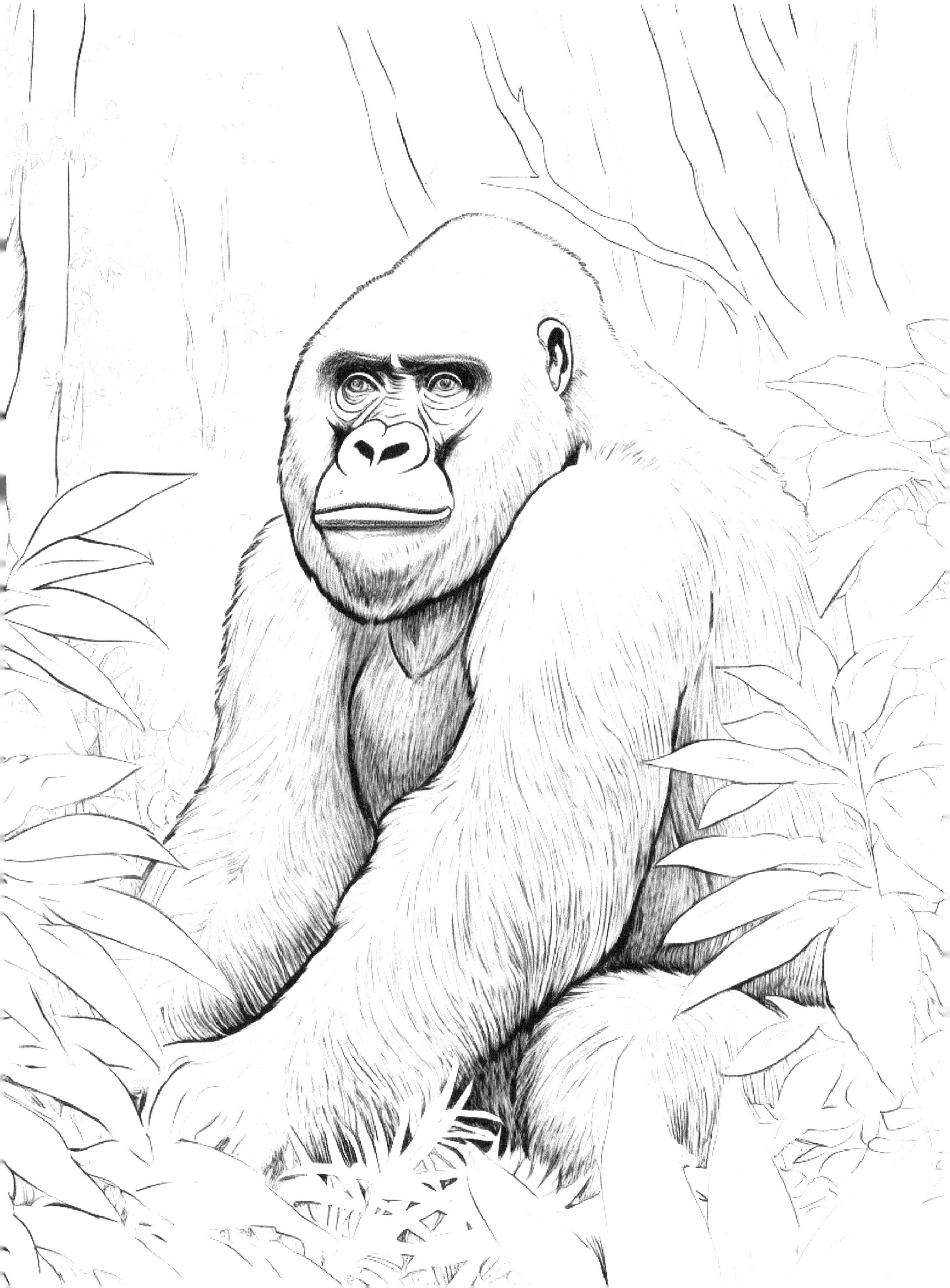

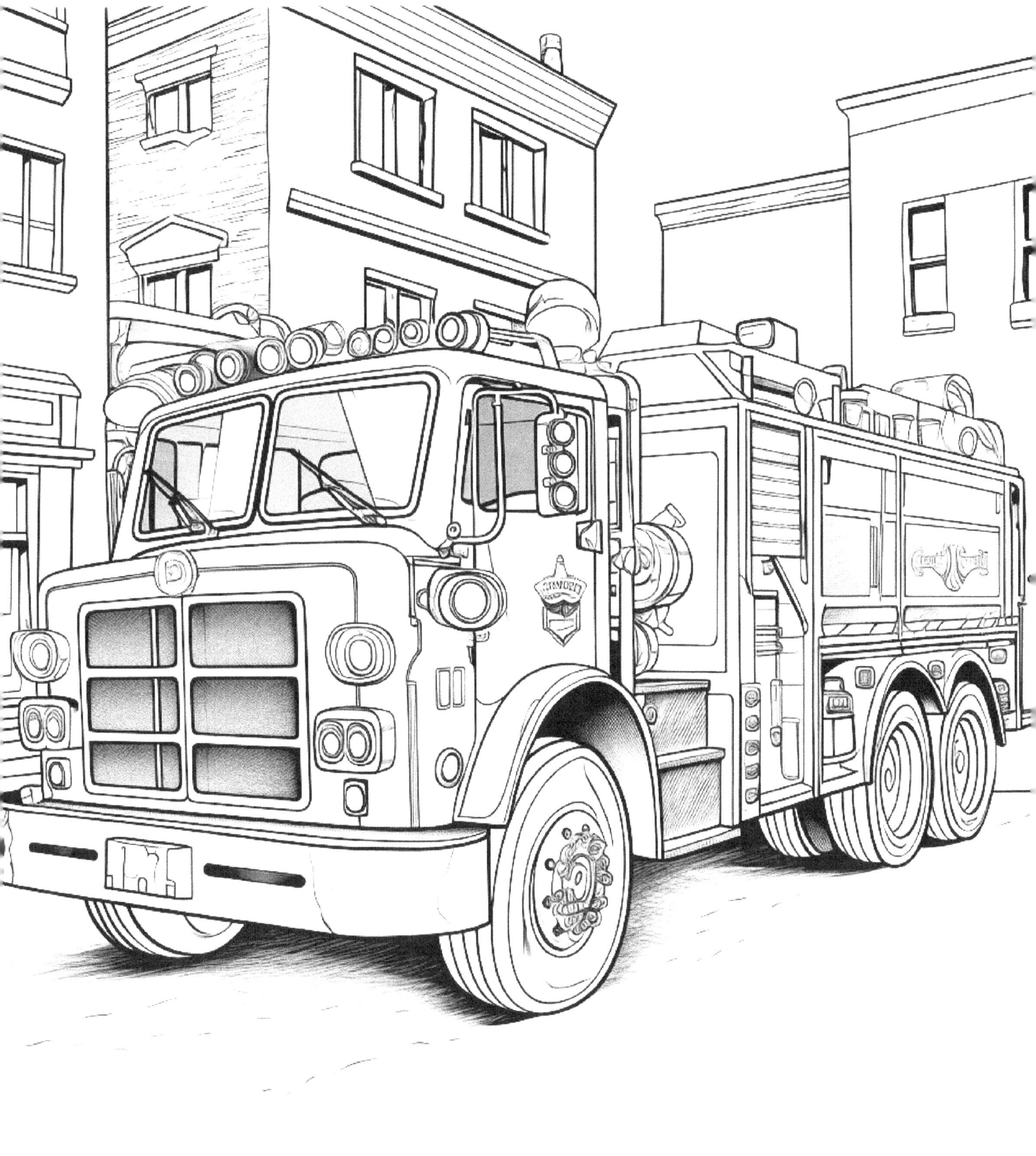

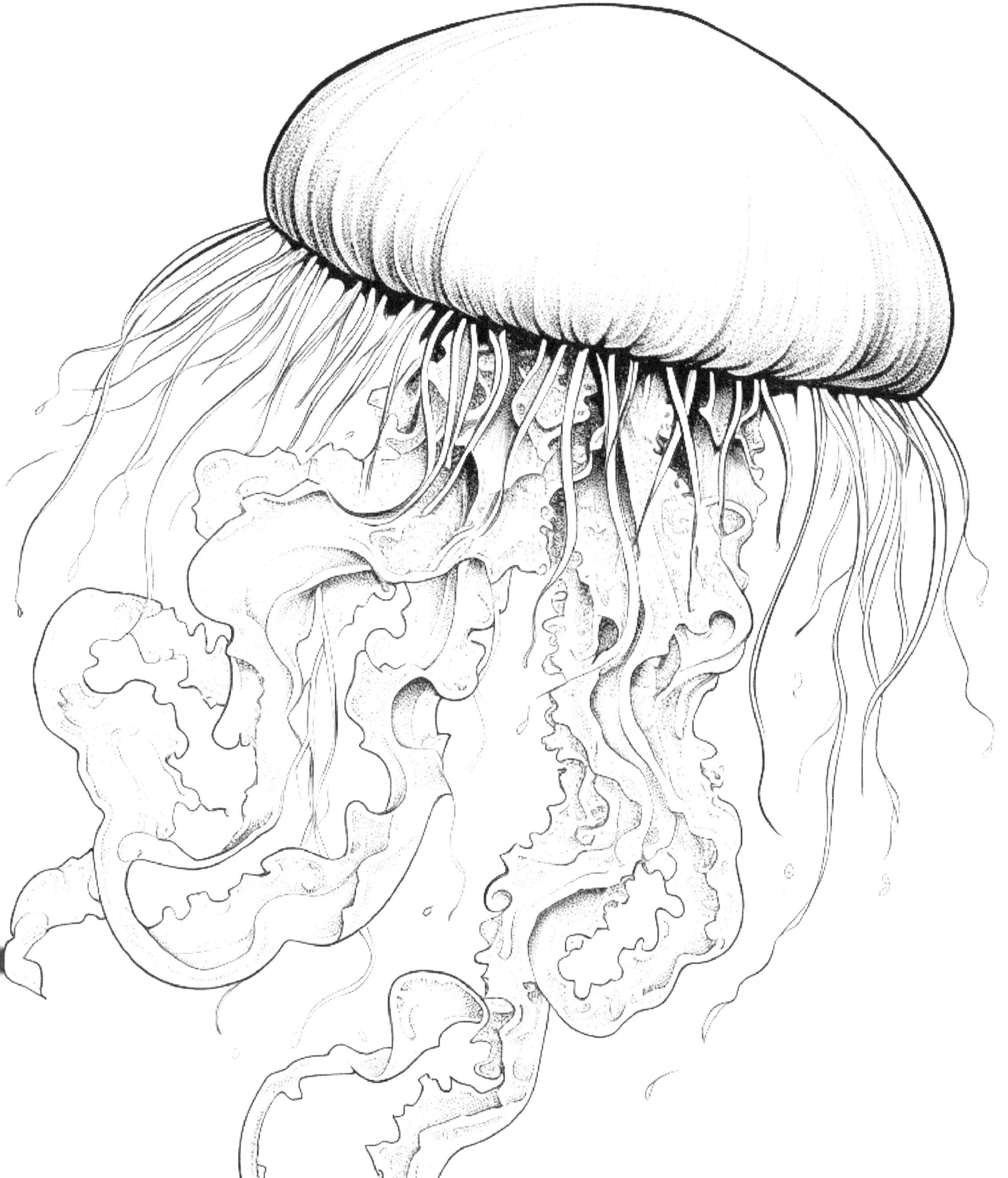

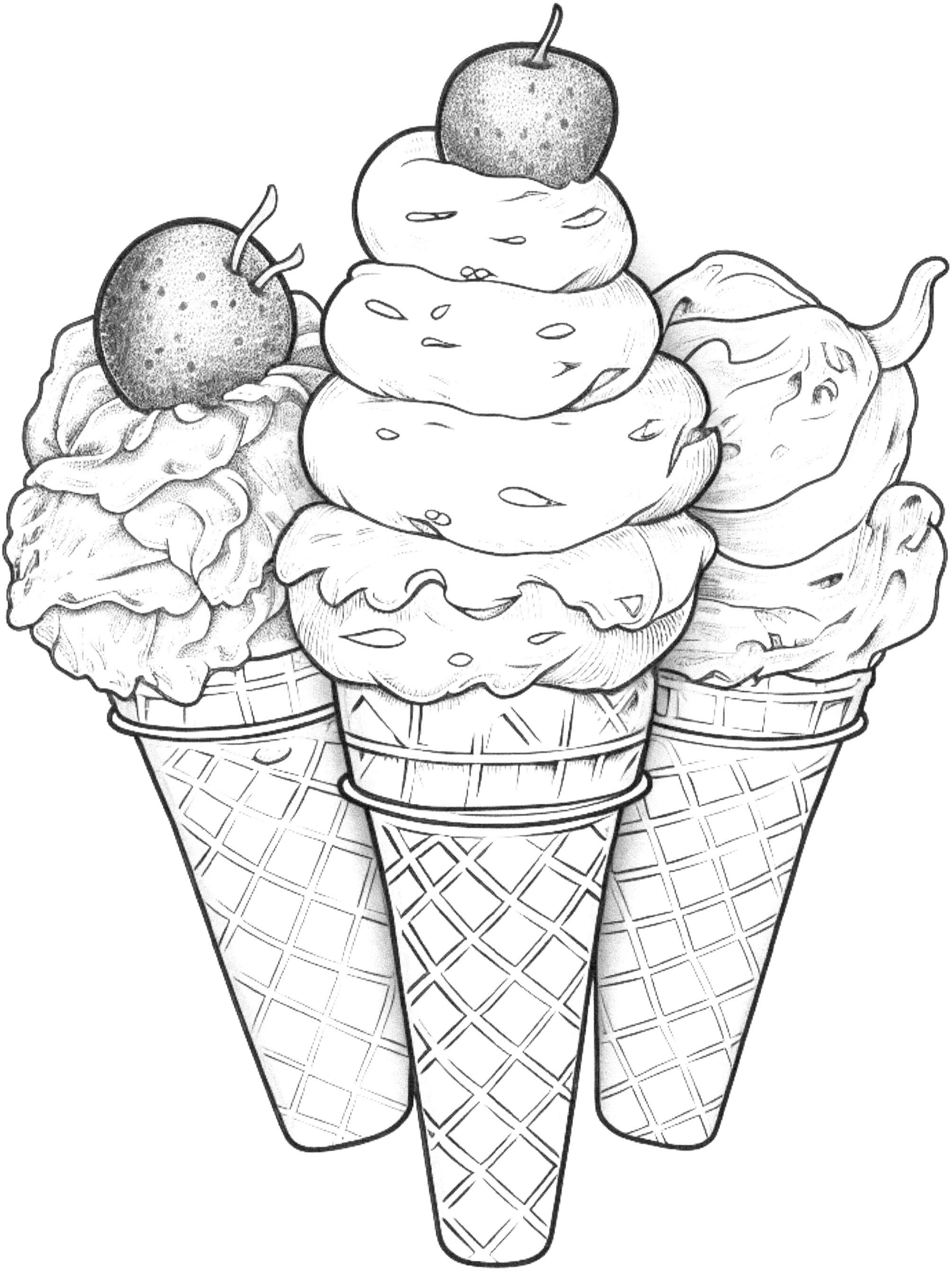

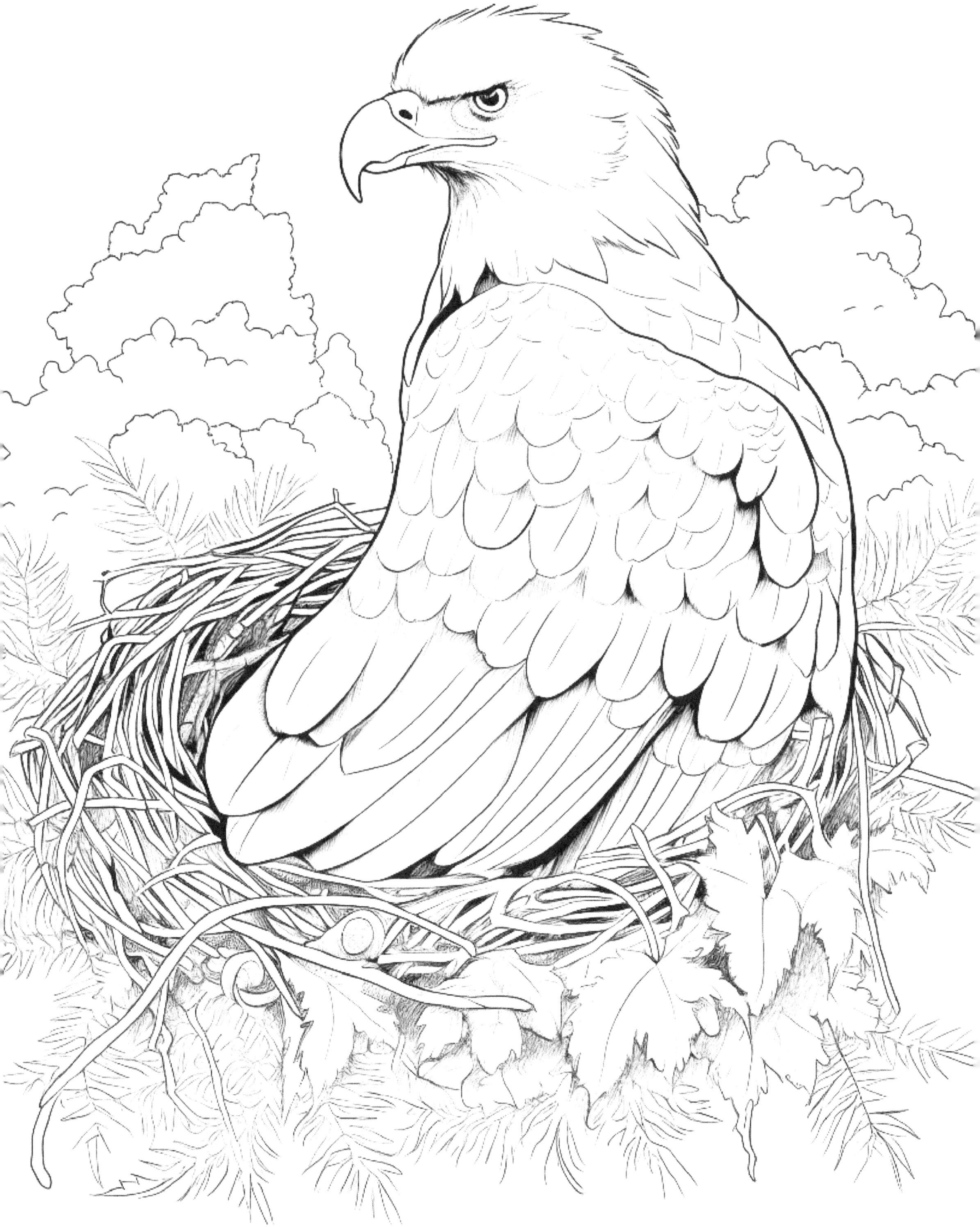

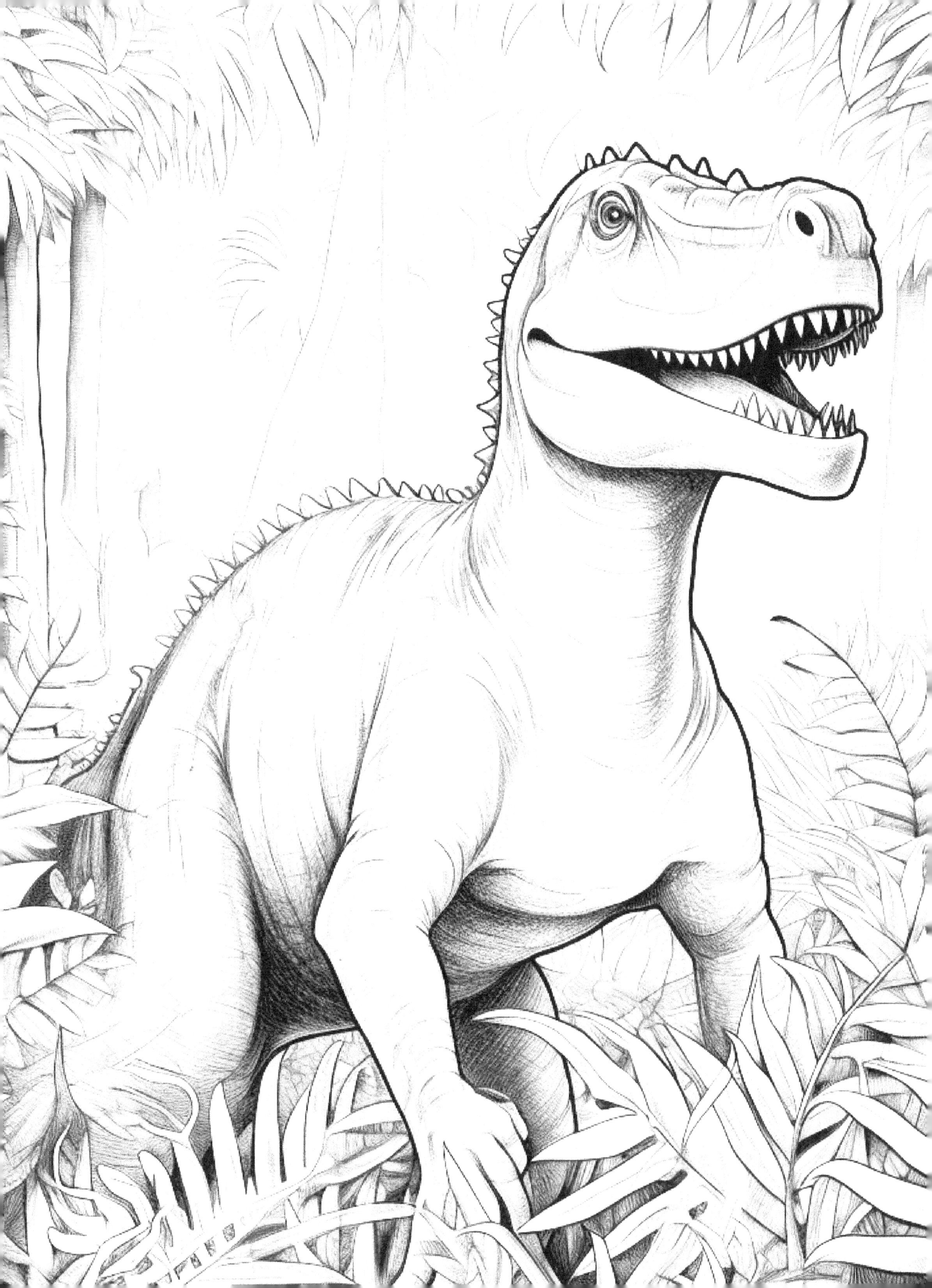

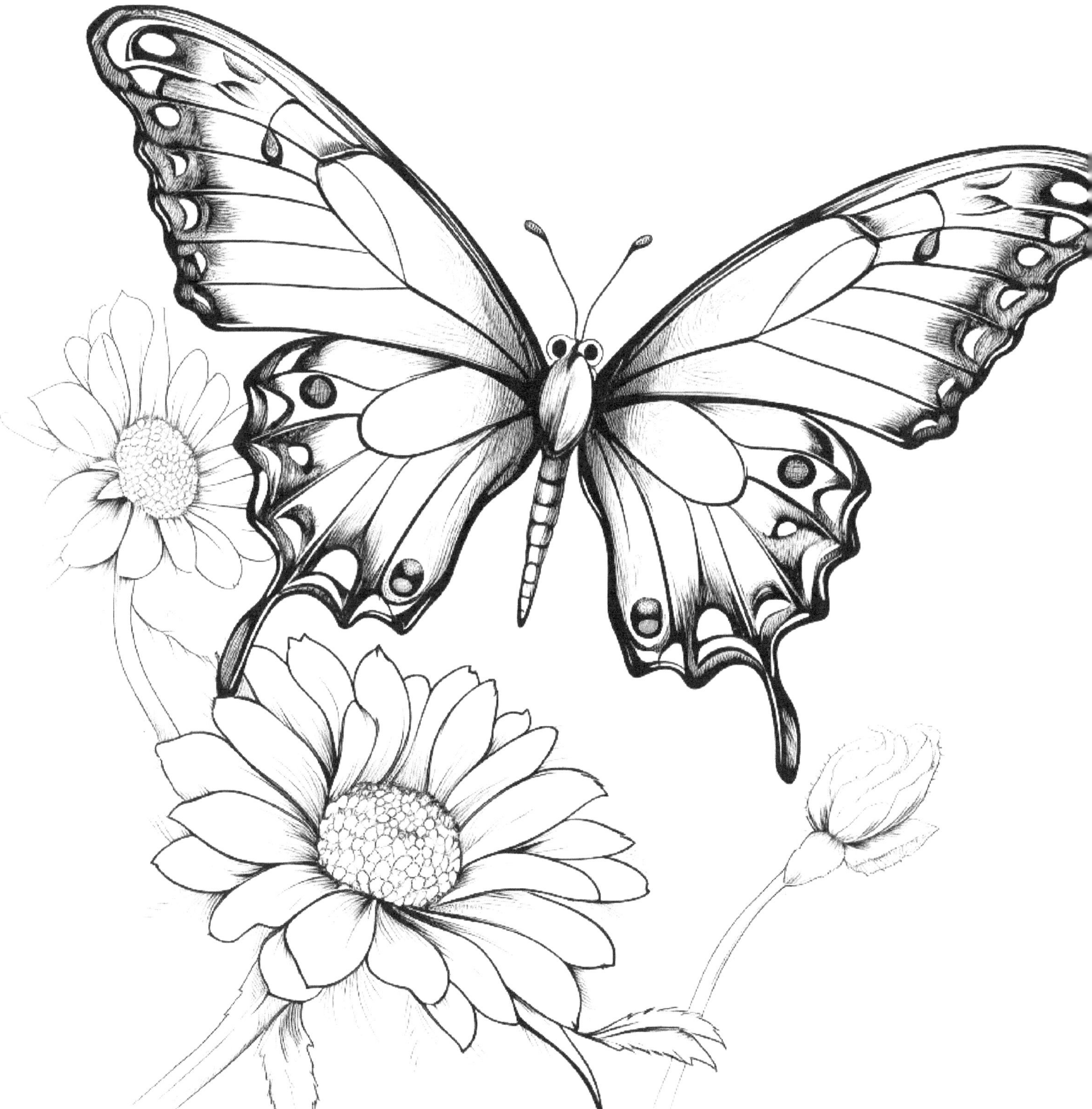

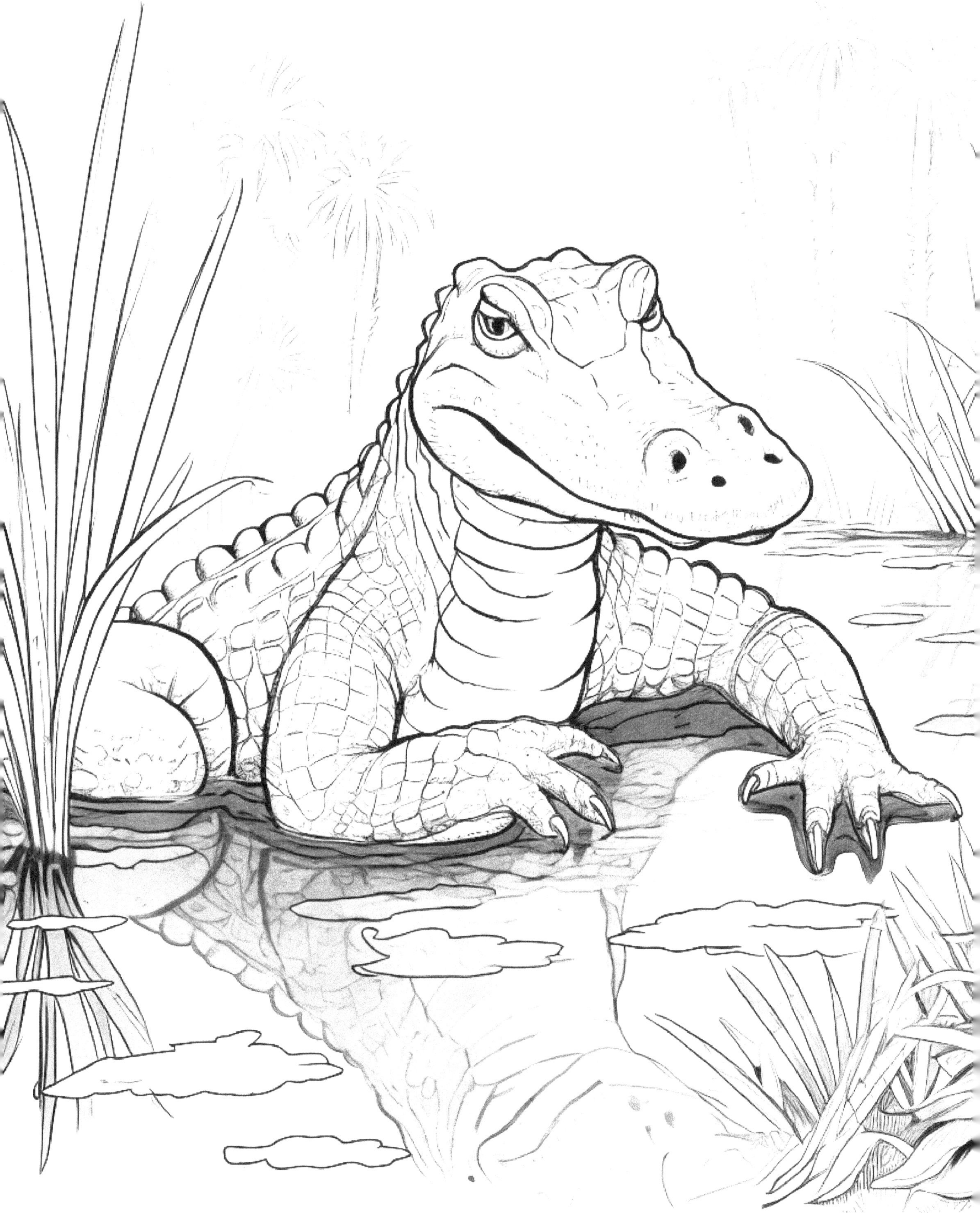

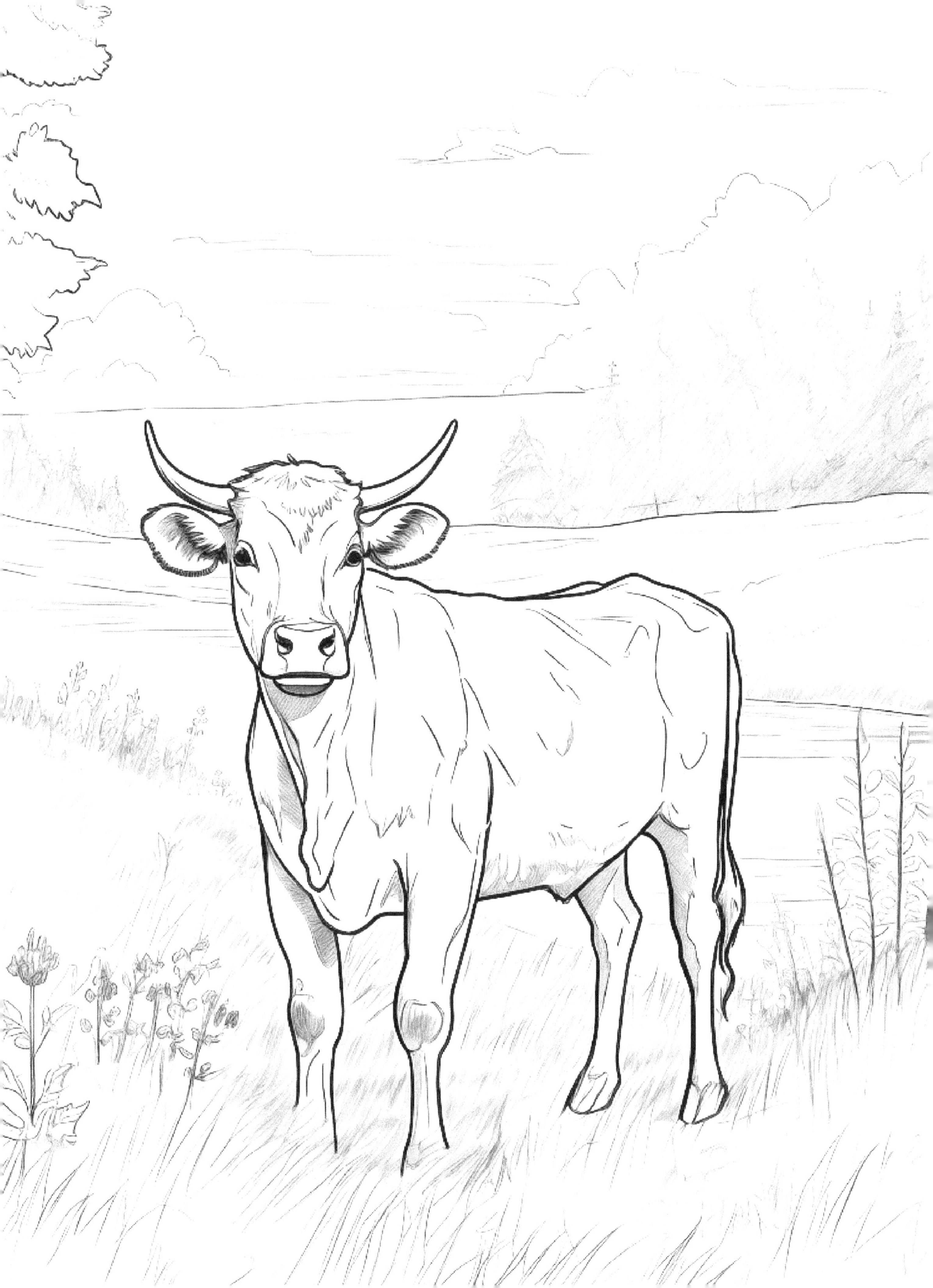

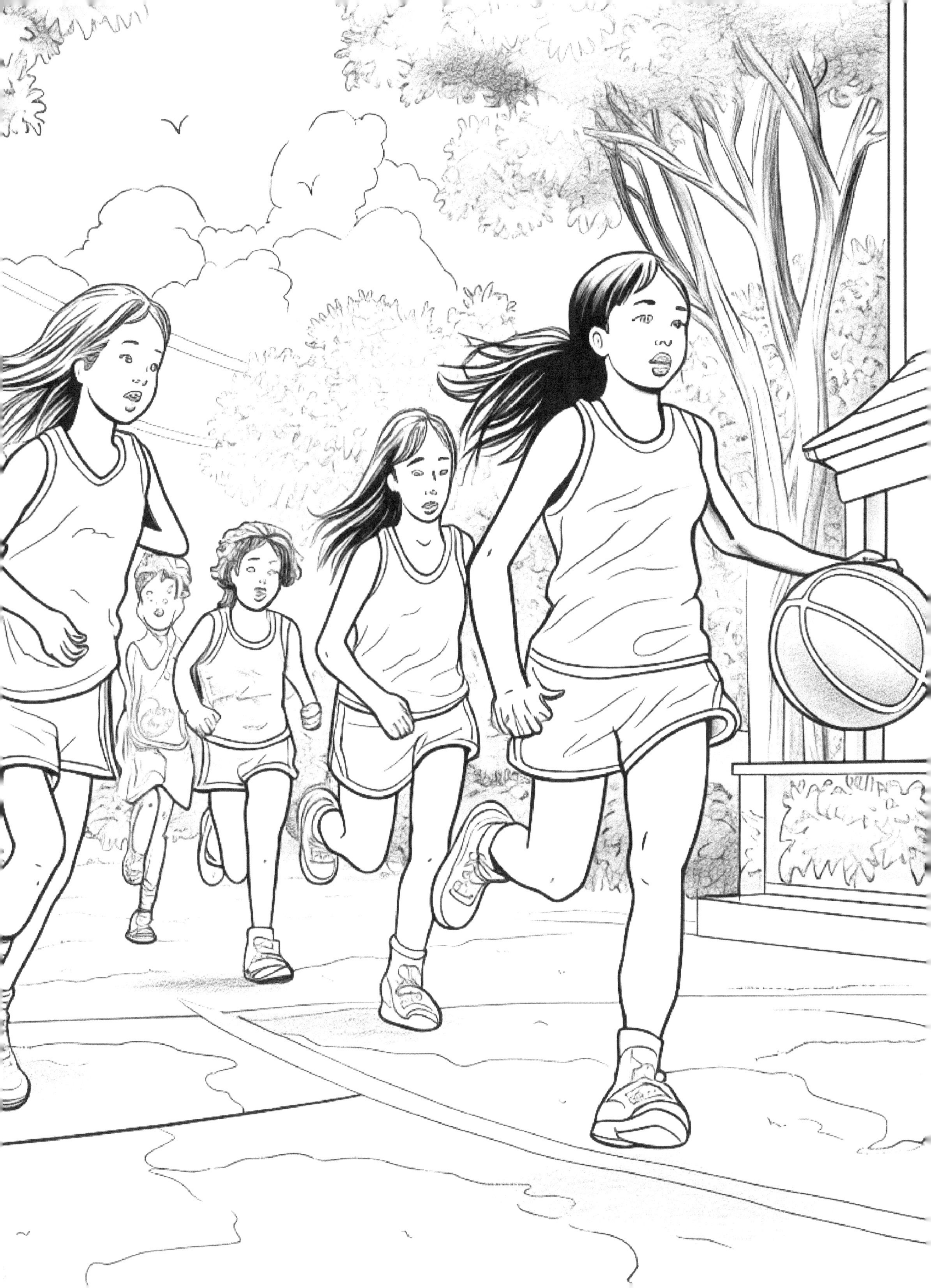

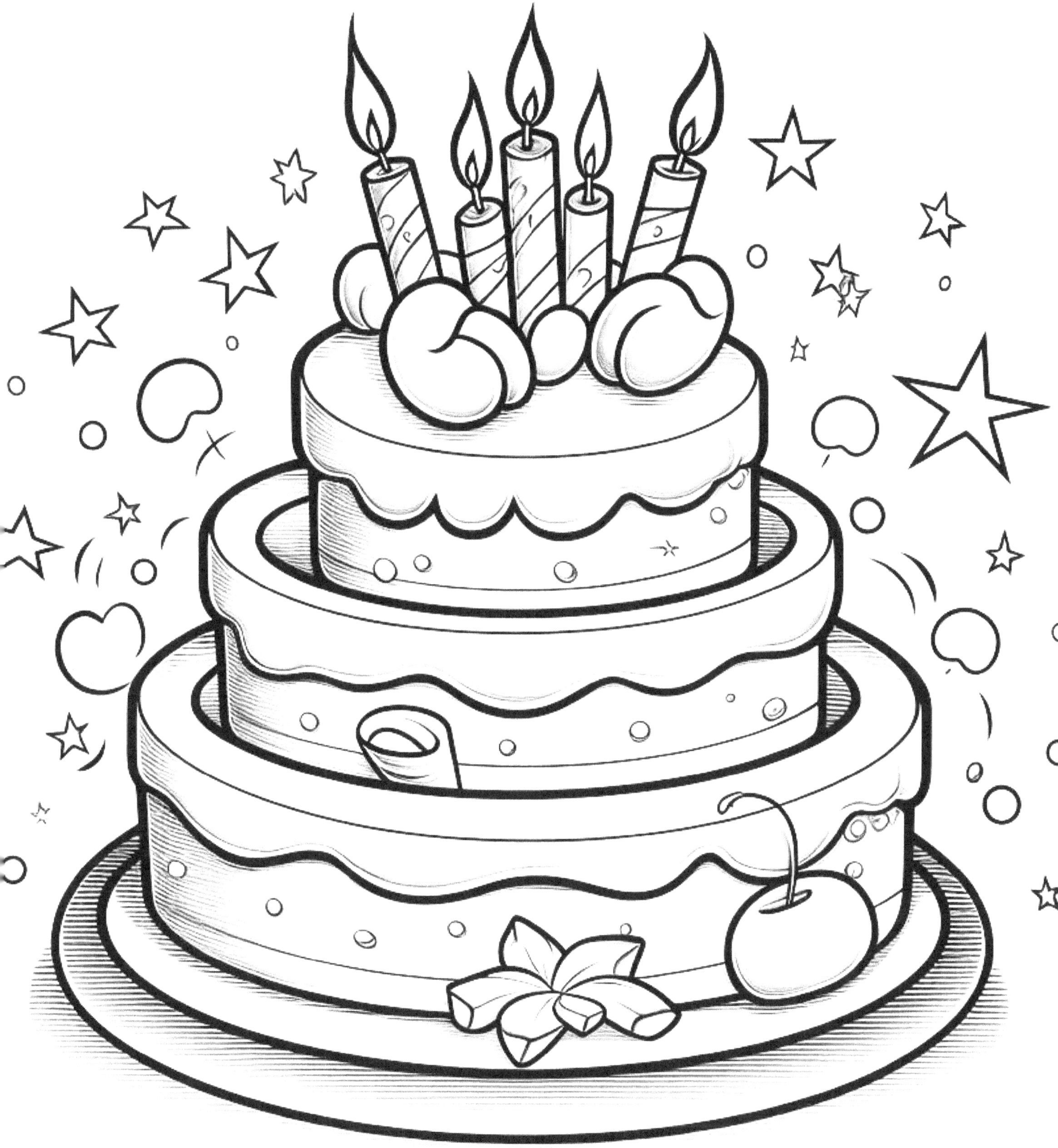

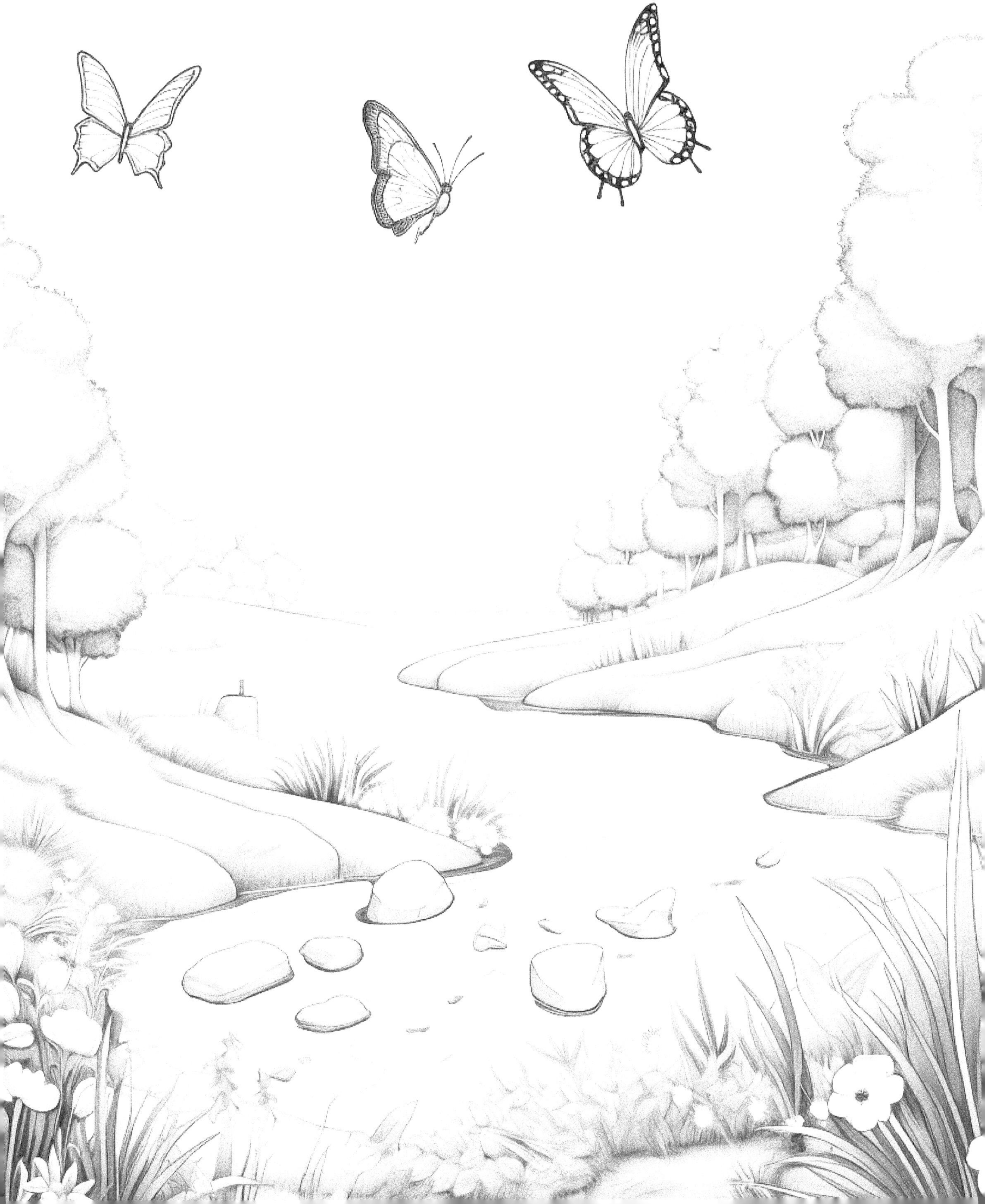

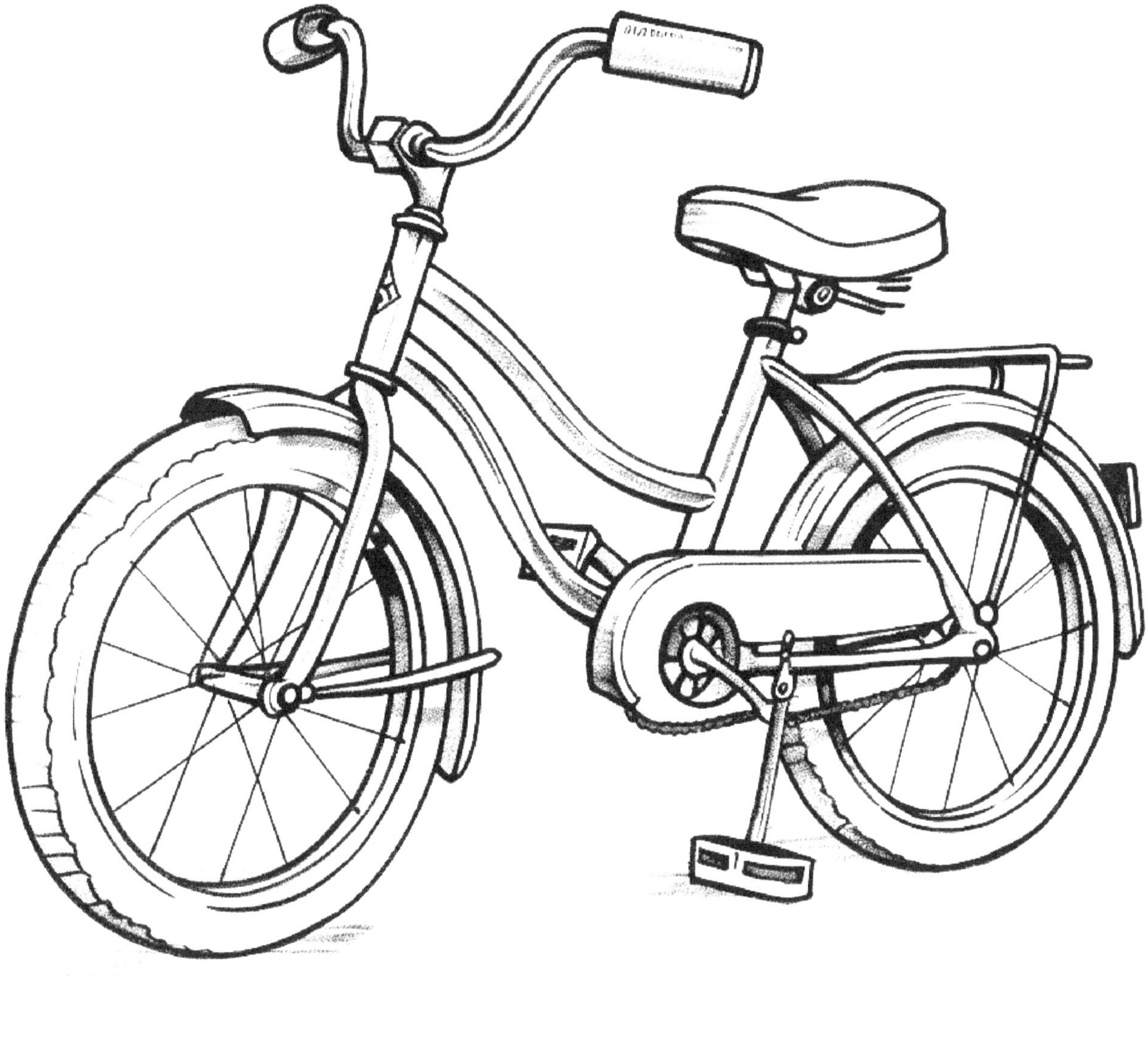

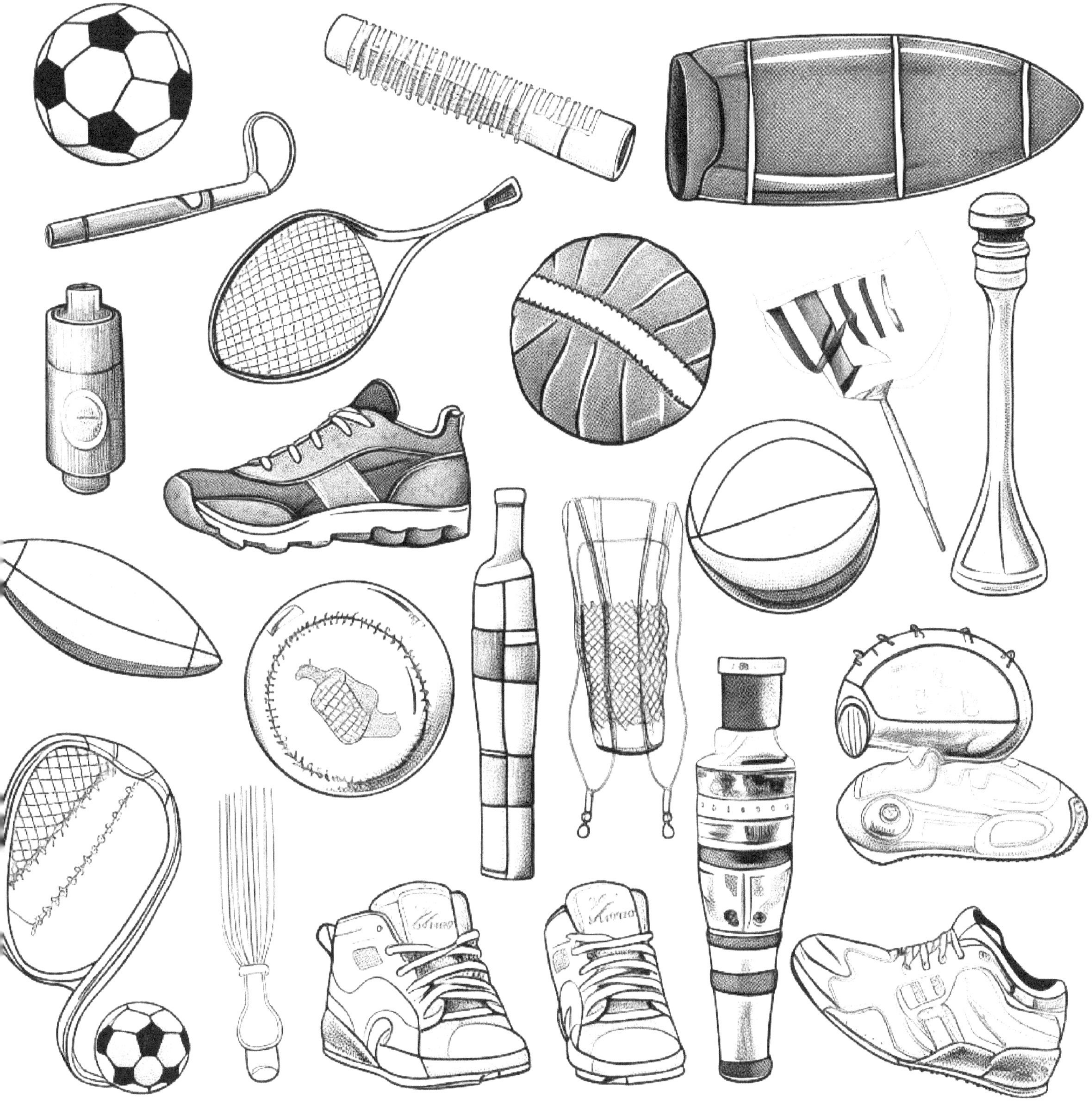

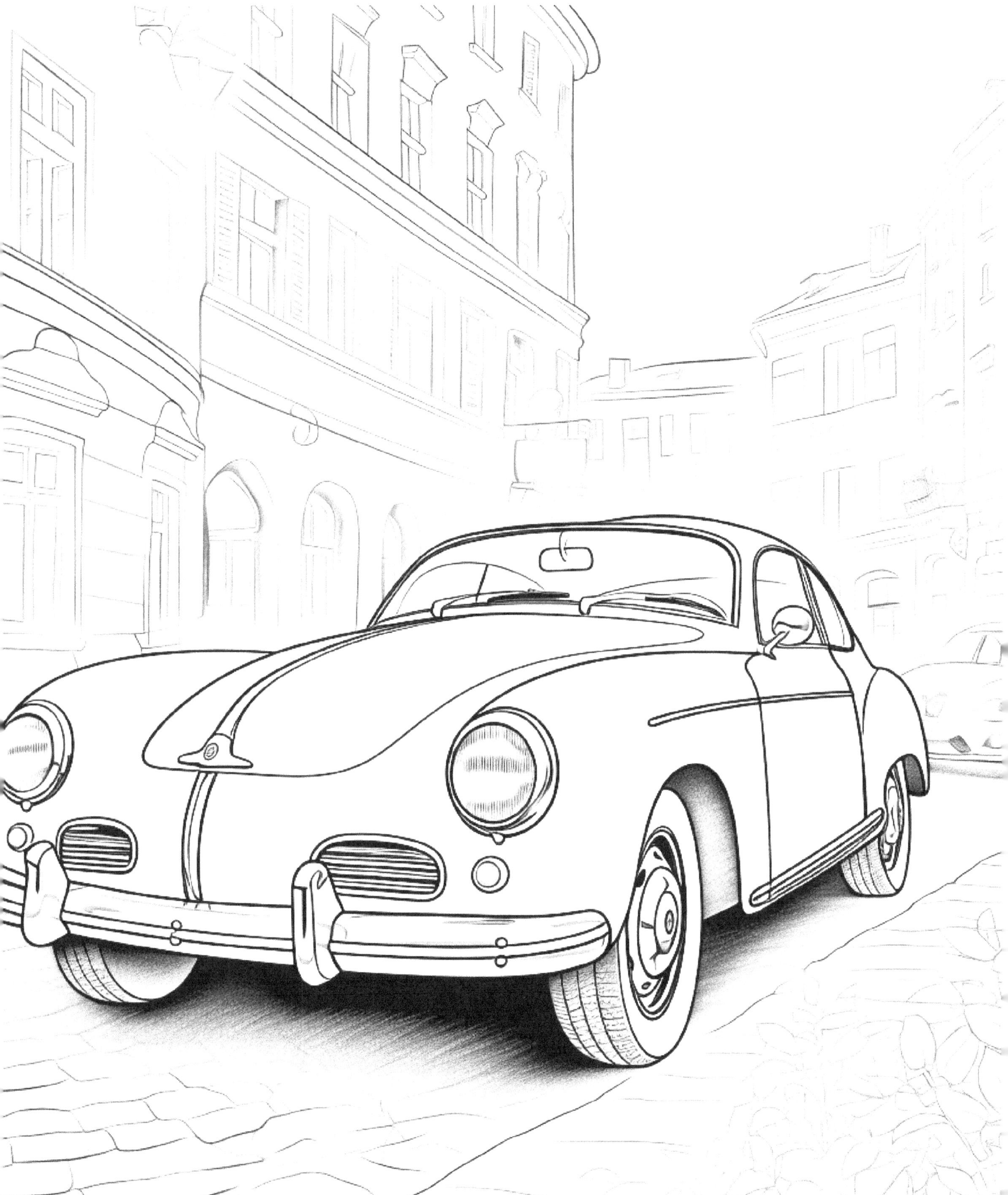

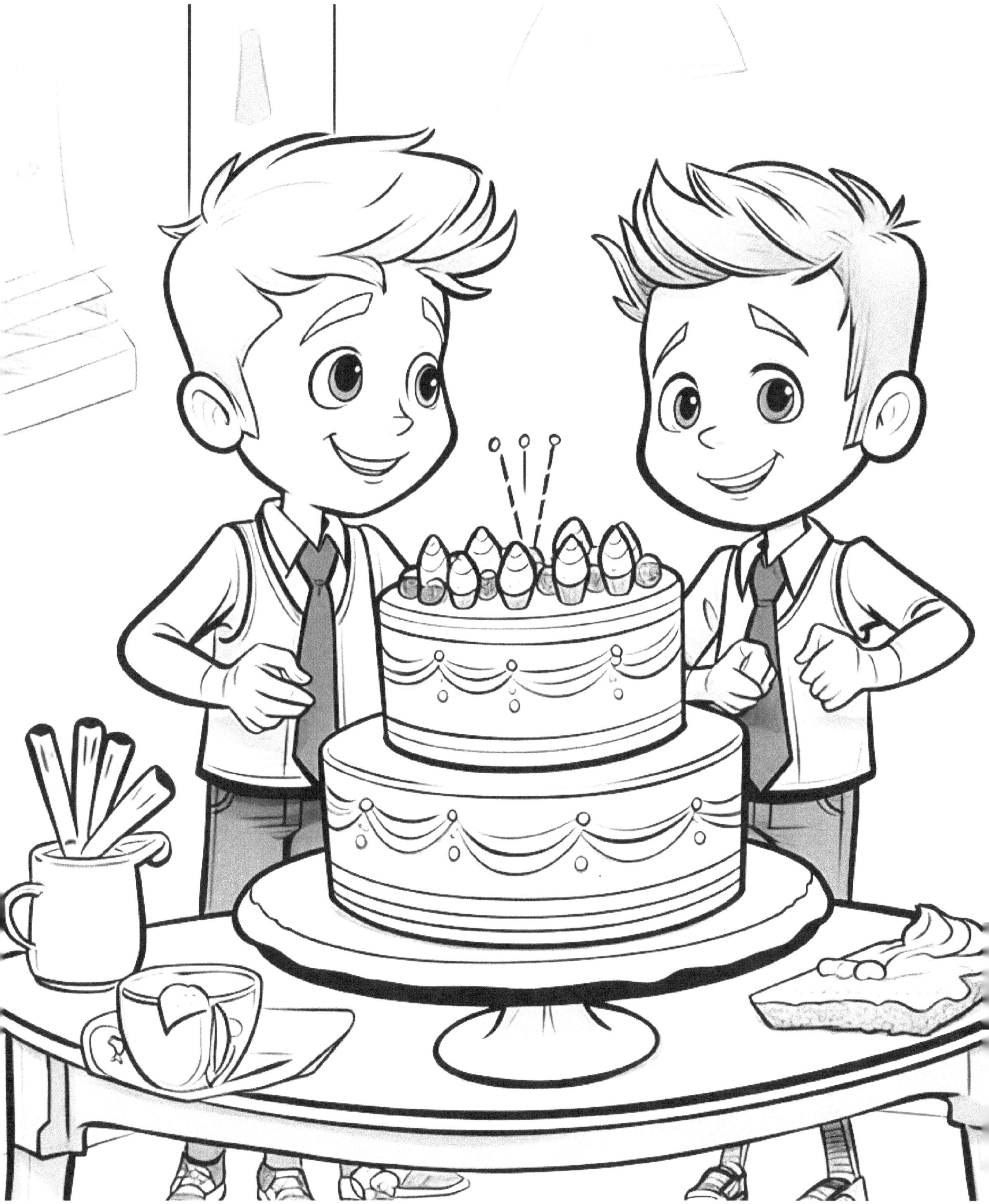

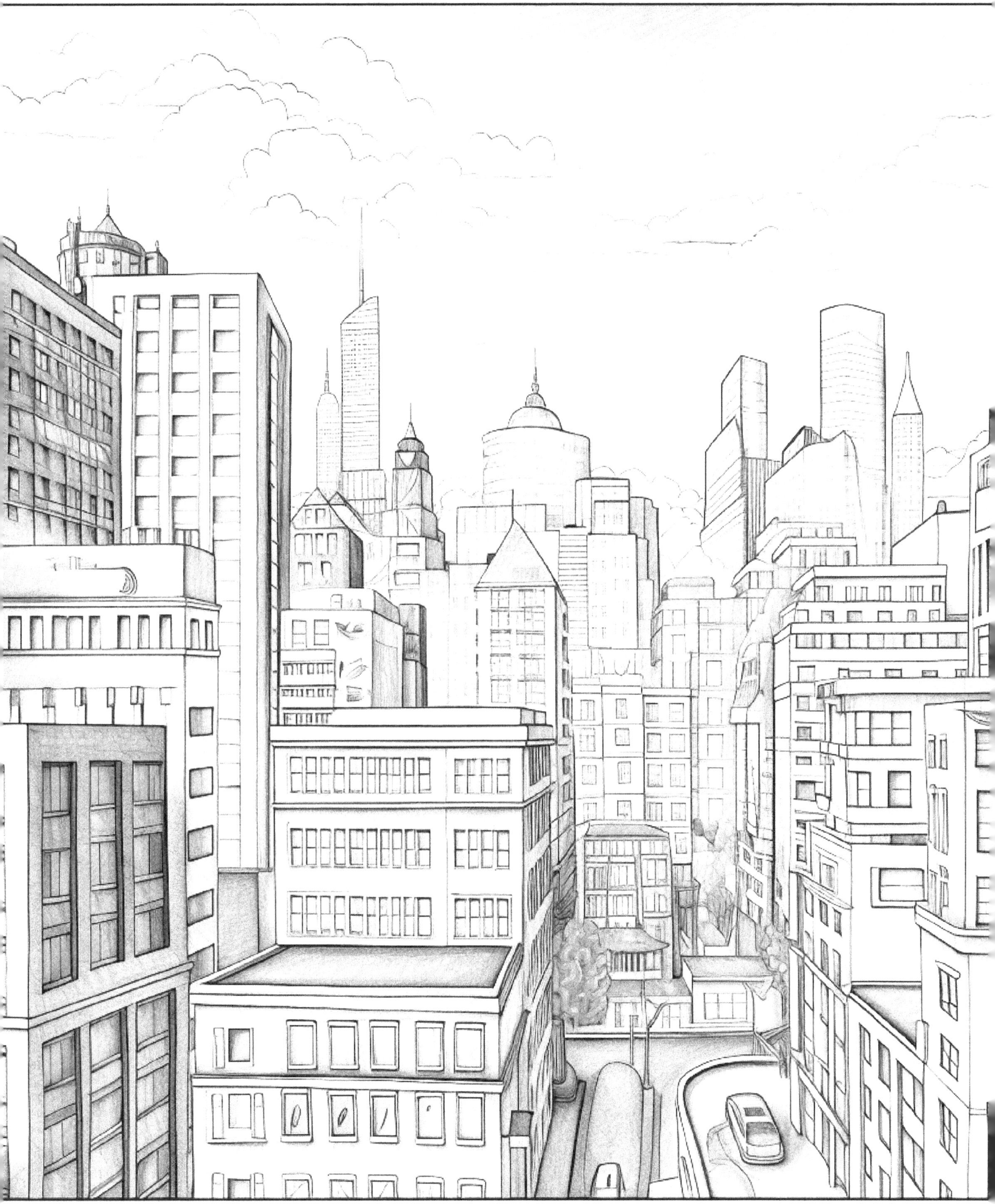

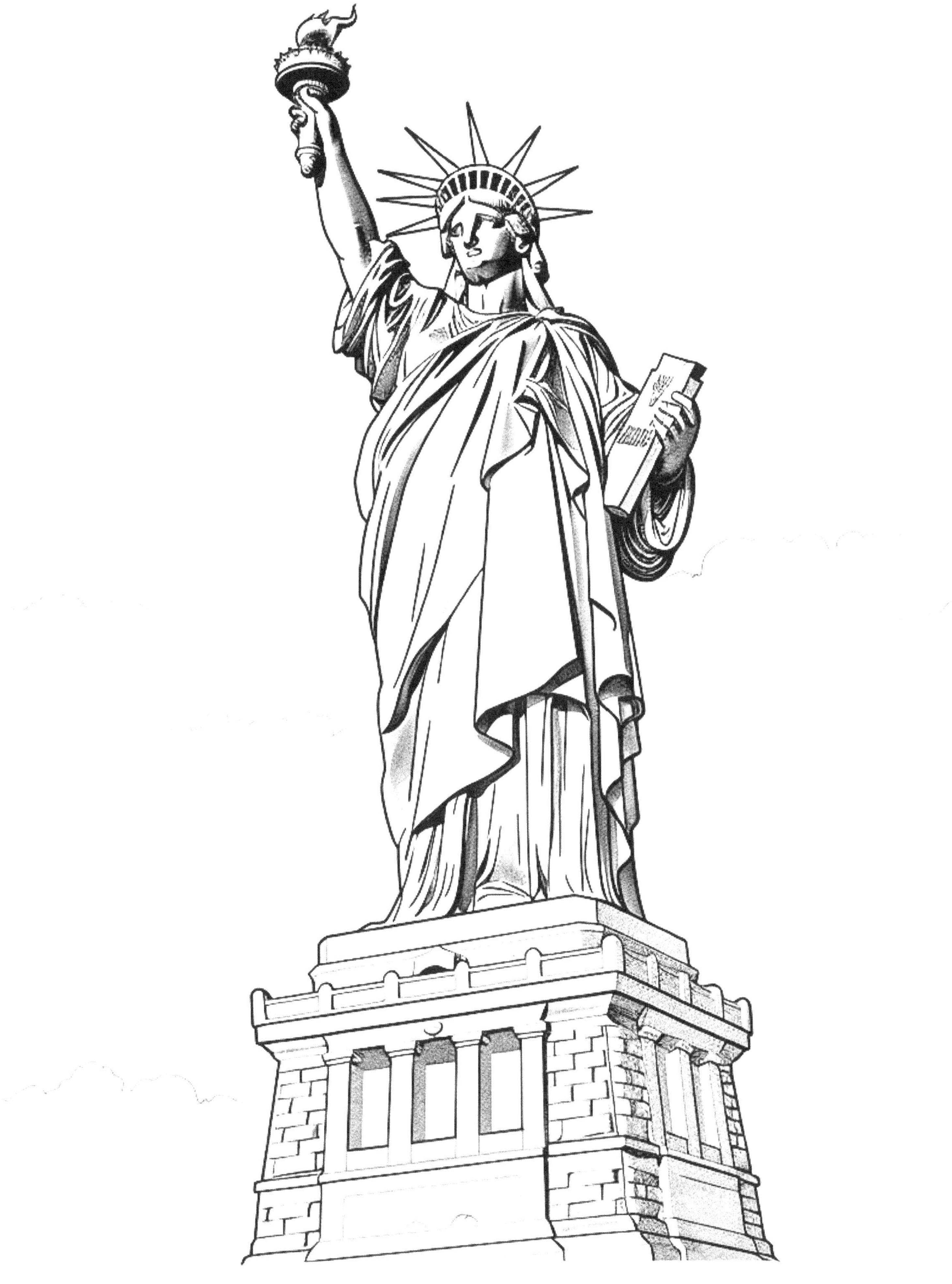

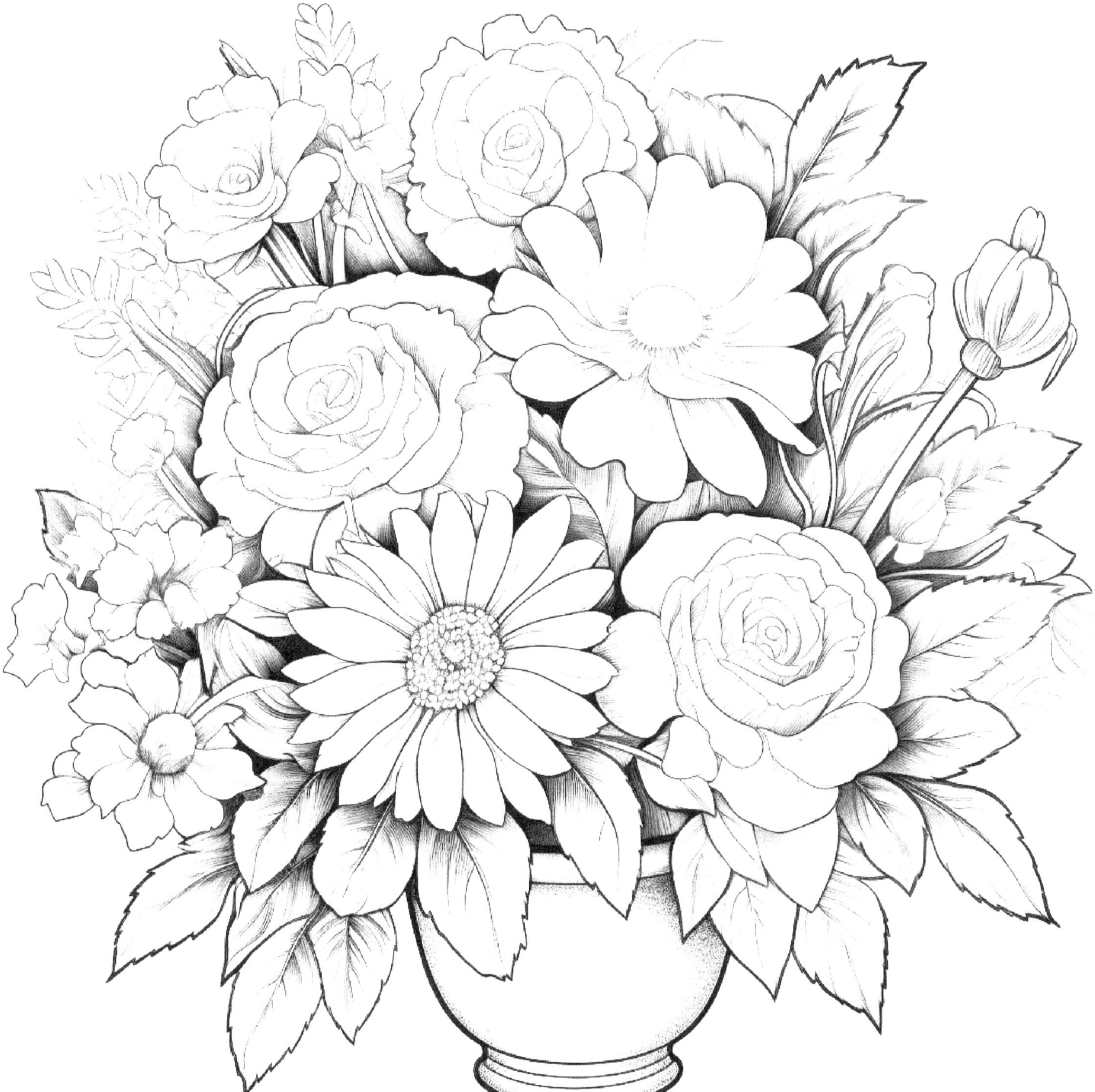

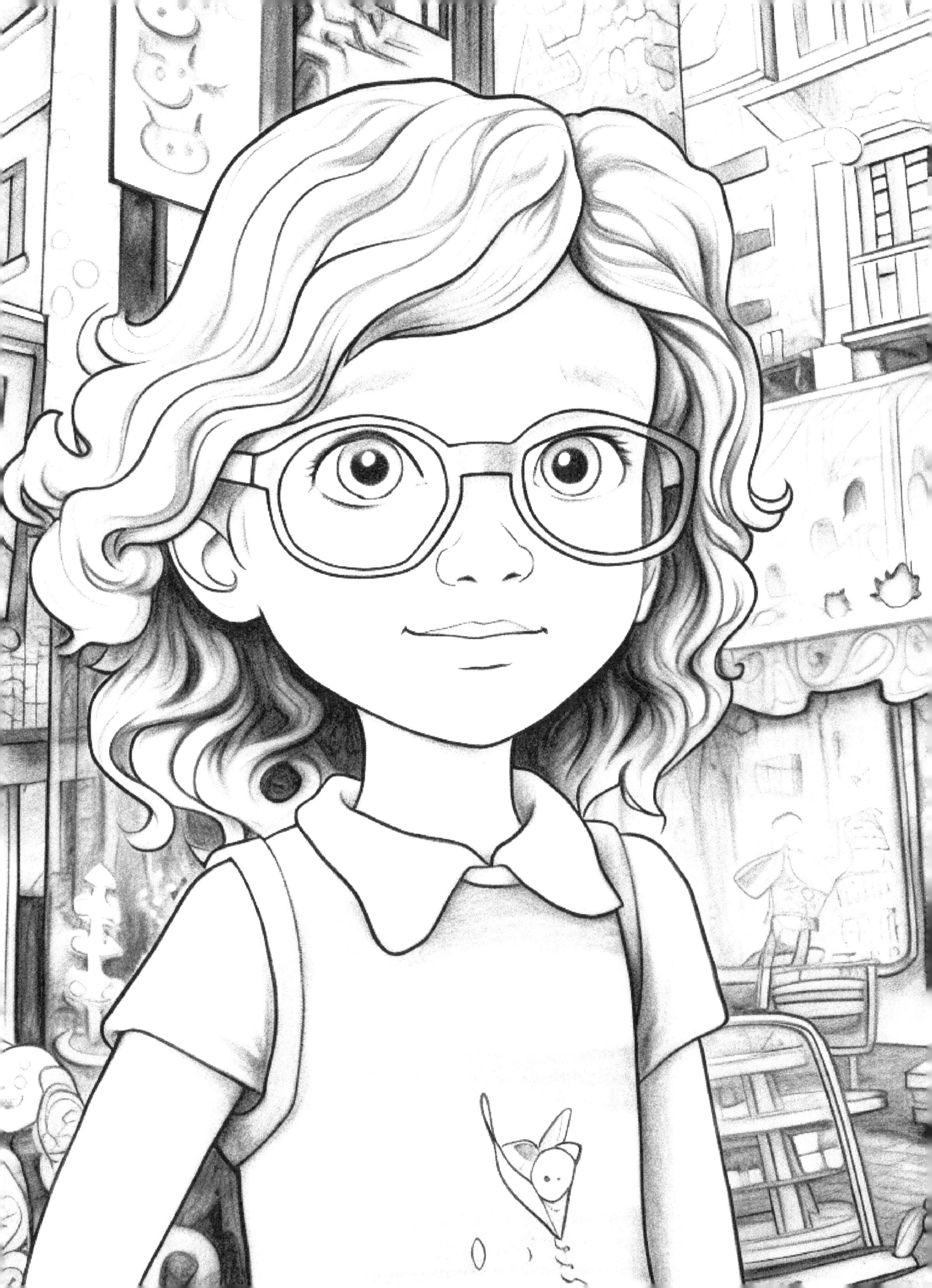

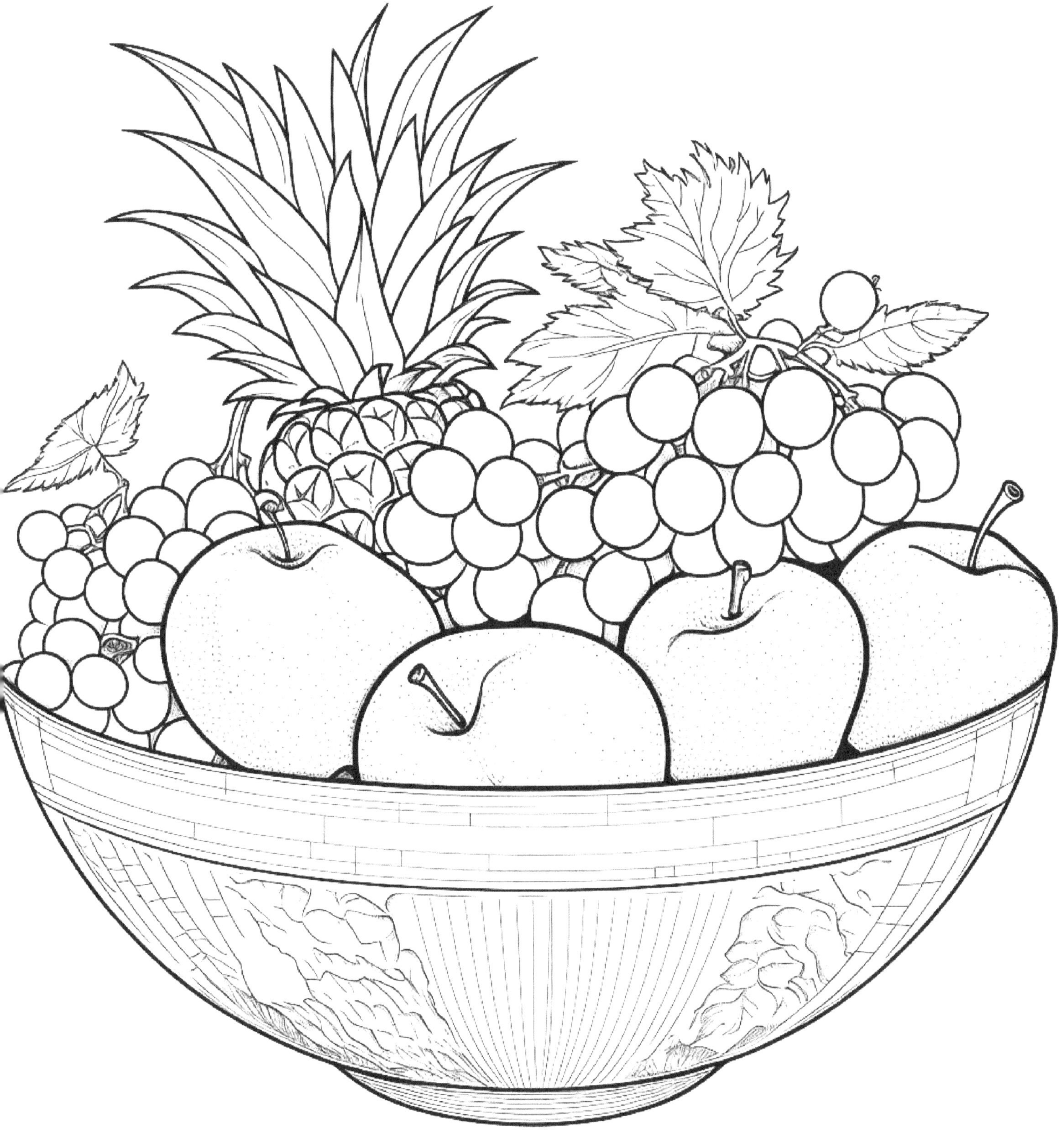

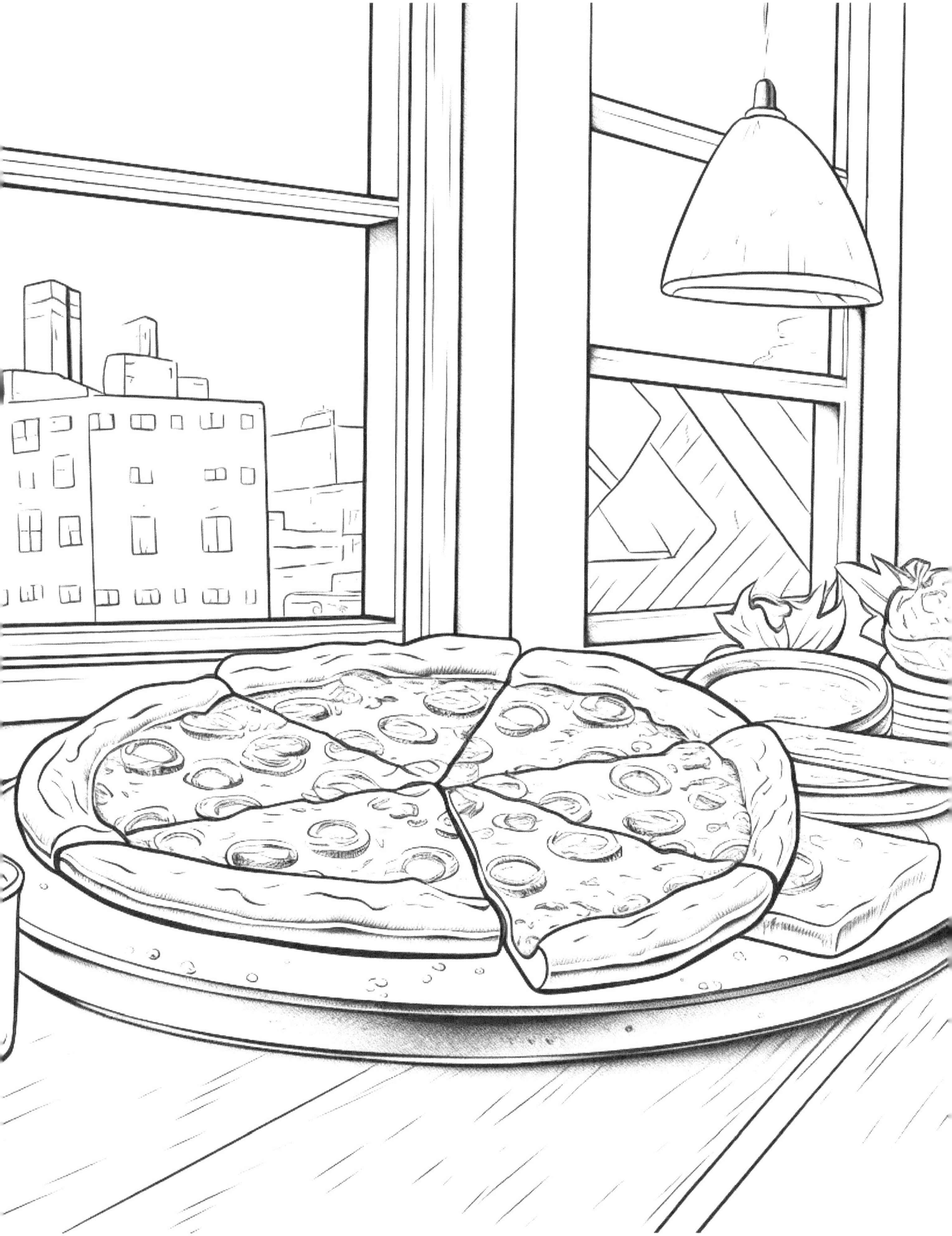

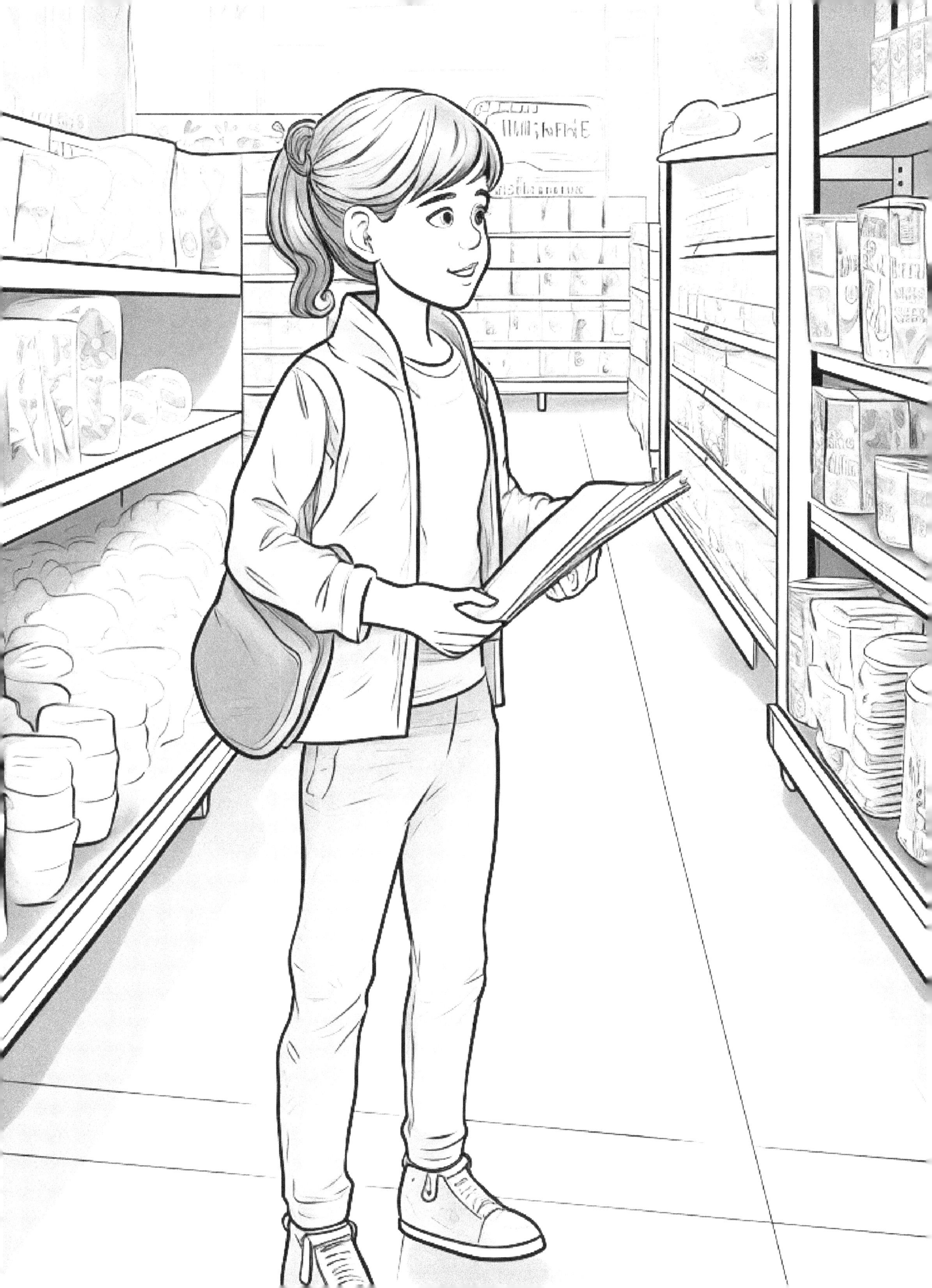

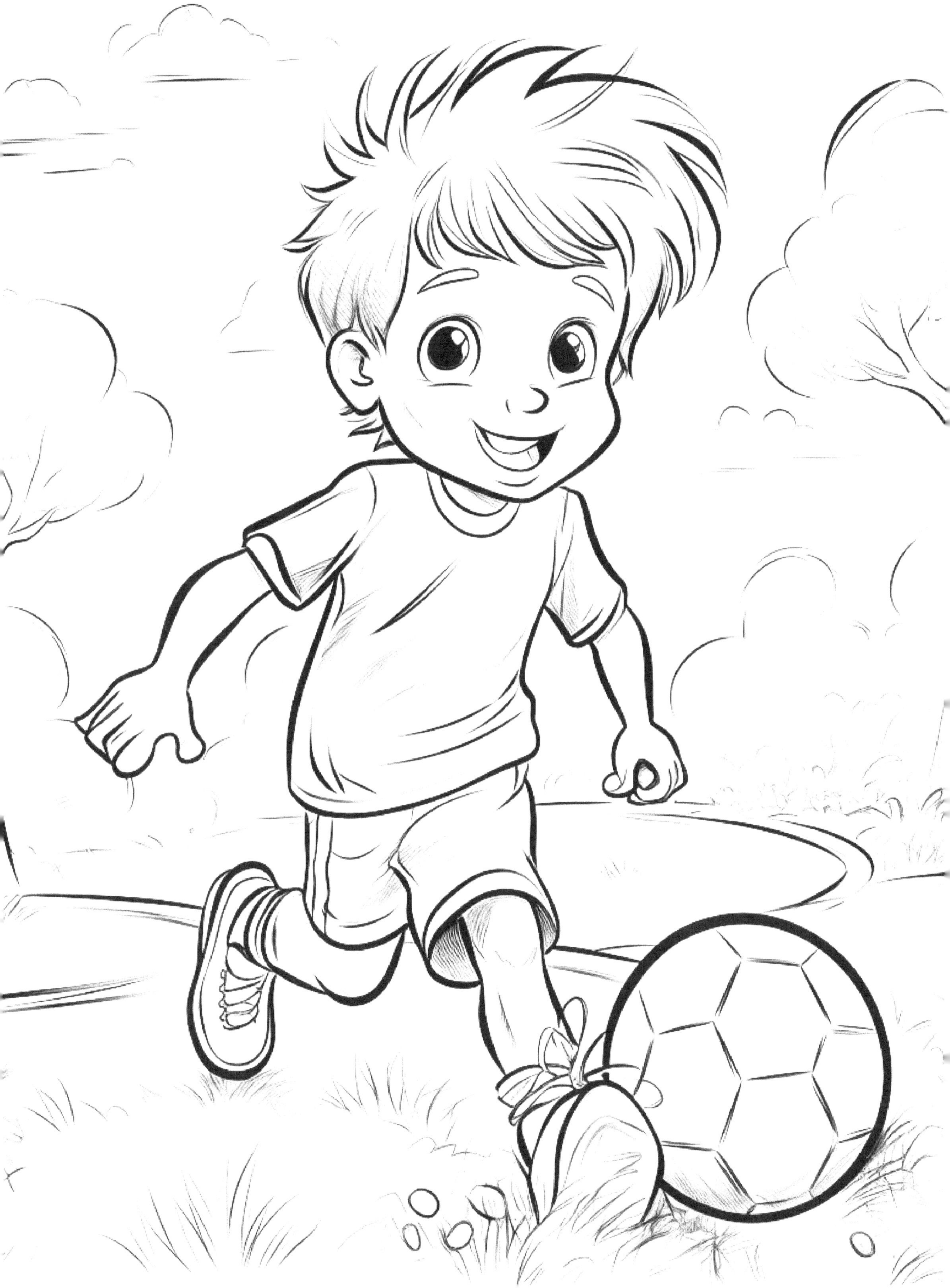

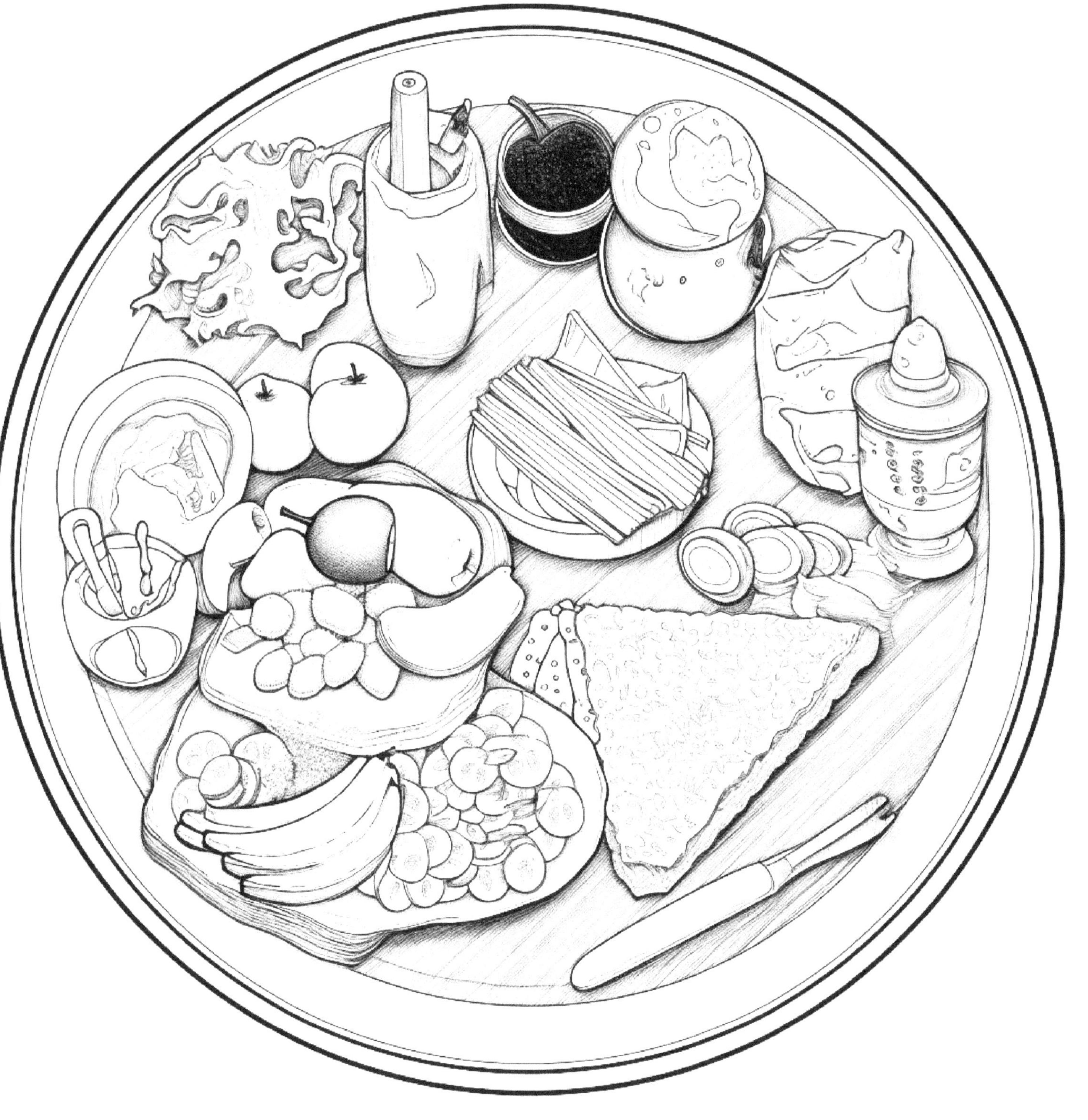

www.ingramcontent.com/pod-product-compliance
Lightning Source LLC
Chambersburg PA
CBHW081454220526
45466CB00008B/2637
* 9 7 9 8 3 9 6 4 8 4 7 8 8 *